決定版

小さな会社の社長の戦い方

株式会社フリーウェイジャパン
代表取締役
井上達也
Inoue Tatsuya

本書は『小さな会社の社長の戦い方』『小さな会社の社長の勝ち方』（いずれも明日香出版社発行）を再編集した上で、加筆修正し一冊にしたものです。

はじめに

世の中、オギャーと生まれたときからお金持ちの人もいます。親父さんが儲かっている会社の社長で、何の苦労もせずに2代目社長になった人もいます。大企業が資本金1億円の子会社をポンとつくってくれて社長の椅子に座った人もいます。国から労せずに儲かる仕事を「はいどうぞ」ともらっている会社も存在します。

そんな社長たちと、みんなで競い合うのが、日本の会社経営です。

「そんなのやってらんないよ！　不公平だよな」

そうです。でもコレが現実なんです。そんな中であなたは他社に打ち勝っていかなければならないわけです。

「こりゃ大変だ」

そこで何か中小企業の経営者向けの適当な本はないかなと探してみます。
ところが、ない……。中小企業の会社経営の仕方を書いた本がありません。

会社を経営したことのない人が書いた数字ばかりの経営指導書、小さな個人事業を営んでいる経営コンサルタントの本は、魚釣りをしたことがない人が人に魚の釣り方を教えるようなものです。

大手企業でサラリーマンとして勤め、最終的に社長になった人が書いた会社経営の本もあまり参考になりません。社内を改革するために全社員が立ち上がったとか組織改革したとか、処世術としては役に立つのでしょうけれど、中小企業の社長には何かピンと来ませんよね。

大手のコンサルタント会社の人の本は中小企業にはまったく役に立ちません。そもそも大企業でのやり方は中小企業とは全然違うからです。

だからこんな人たちが書いた「成功した社長」の話はたいして役には立たないのです。社長自身もカッコ悪い「本当のこと」を人には言わないでしょうし。

「えっ、おまえは誰だ」、ですか？

すみません、申し遅れました。

私はフリーウェイジャパンという会社の社長で井上達也と申します。フリーウェイジャパンの名前は知らなくても、無料で使えるクラウドの経理、販売管理、給与計算システムの会社と言えば知っている方も多いと思います。私は29歳で起業し会社を30年以上経営してきました。今、ユーザー数は50万を超えました。

「なんだ、自慢話か……」

いえいえ、自慢できることなんて何もありません。しいて言うなら、失敗の数を自慢できるぐらいでしょうか?

29歳で会社を設立。創業者として華々しくデビュー。と言いたいところですが、その内情はひどいものでした。

一所懸命、朝から朝（晩ではありません）まで仕事をしても儲からない。お金を持ってトンズラした人やお金を払わない昔の先輩、そして言いがかりをつけられて仕方なくやらされた仕事、そんなことばかりの毎日でした。

社内にコピー機がないため、コンビニで嫌がられながら、DMチラシを9時間以上連続コピーして、それが終わるとワンルームの会社兼自宅に戻ってカタログの三つ折り。指紋もなくなりました。

しかし、なけなしのお金でDMを送付しても、まったく電話が鳴らない。その後はDMを出そうにも切手が買えず、犬にほえられ、防犯ライトに照らされながら、毎日真夜中に原付バイクでポスティング。

また、凡人でもできるなんていう言葉にしがみつき、図書館でマーケティングの本を読みあさりあらゆるテクニックを学びました。

でも全然、儲からない。ついに280円のノリ弁当を買うお金さえない。毎月、月末に近くなると支払うお金がなくて鬱状態になり、このままやっていてもダメなんじゃないかといつも不安と閉塞感にさいなまれていました。成功している社長が失敗すると一日中、嬉しかった記憶もあります。「いい気になっているから天罰が下ったんだよ」と。

そんなこんなで30年以上も経ちました。

これでおわかりになったかと思いますが、この本には、いわゆる成功本に書かれているような夢物語も不労所得で億万長者になったという「美談」も書かれていません。中小企業がいかに勝ち抜くかという泥臭い「本当の話」ばかりが書かれています。なぜ「本当の話」とわざわざ書いたのかと言うと、成功するために必要なことや本当の話は、みな話したがらないからです。

今は成功社長と言われる方でも、全然儲からなかった時代があってもおかしくありません。たとえば、その中で立ち上がって経営を軌道にのせた話は示唆に富み、多くの社長の力になるでしょうが、泥臭い話が多く、話すのを躊躇してしまいます。やはり成功している社長も人間ですので、誰しも他人から尊敬されたい、カッコいいと言われたいものなのです。

ところで、10年後のあなたの会社の売上はいくらになりそうですか?

「いくらとは言えないけど、思いつく限りのことはすべて行い、毎日すごく忙しい。新商品も企画している。人脈が増えて新しい販路ができそうだ。確実に会社は大きくなっているはずだ」

そう思っているかもしれません。

しかし、たぶんダメでしょう。

あなたの会社が大きくならないのはそういうことではないのです。

「おまえに何がわかるんだ！」

こう言われるかもしれませんが、わかります。

なぜ、断言できるかと言うと、私もあなたと同じことをずっとしてきたからです。

それでは開演です！

株式会社フリーウェイジャパン　代表取締役　井上達也

目次――決定版 小さな会社の社長の戦い方

はじめに 3

第1章 「成功」とは成功者のマネではなく、失敗者の逆をすること

会社の成功は「正しい選択」から 20
小手先のマーケティングテクニックで会社は変わらない 22
勘違いが会社経営を狂わせる 27
――勘違い① どんなものでも少しは売れてしまう悲劇 28
――勘違い② そもそも赤字の会社は存在しない 29
――勘違い③ 会社経営は時間との戦い 30
――勘違い④ 常に新しい商材を探し続ける 31
――勘違い⑤ 利益率より利益額 34
――勘違い⑥ 販売代理店に売ってもらう 38
――勘違い⑦ 何も考えずに値付けする 41
――勘違い⑧ 本業以外で儲ける手数料が結構おいしい 43

普通に考える　45
——普通のこと①　誰も欲しくないものは売れない　48
——普通のこと②　わかりやすいものを売る　50
——普通のこと③　広告を見る人はお客さんばかりとは限らない　53
——普通のこと④　ありえないことをする人も参加してくる　56
——普通のこと⑤　同じ仕事でもビジネスモデルが違うことがある　58
——普通のこと⑥　大きく儲かる話は話半分に聞く　60
——普通のこと⑦　世の中はアンフェア　64

第2章

未来を予測し、未来に売れるビジネスを「今」作れ

社長がすべき仕事は2つだけ　68
——社長がすべき仕事①　今のお金を稼ぐ　68
——社長がすべき仕事②　未来の仕事を準備する　69
——「今」の延長線上に成功はない　70

本物しか通用しない、残らない　75
大手と中小の考え方はこれだけ違う　81
「少子高齢化」が意味するもの　86
20年後の業界の姿から逆算して予想する　90
社員にあなたの考えを伝える　92
強力なエンジンを積んでいる人を雇う　94
——鍛えれば伸びるのか？　96
——スゴイ人は雇えない　98
社長が自ら売ったら売上は伸びない　104
——一人前の社員に育てる　106
成功する社長にはタイプがある　108
——「成功する人としない人の違い」の前に　108
——あなたの「目的」は何なのか？　109
——目的と仕事の中身が違う　112
——アルバイトをしても目的にはたどり着かない　114
——成功はエゴとの戦い　伸びる頑固と伸びない頑固　116
死ぬほど仕事をすれば活路はある　120
成功するための3つの貯金　126

——貯金①「信用」の貯金 126
——貯金②「知識」の貯金 132
——貯金③「ストック収入」という貯金 135
成功する人が持っている5つの資質 140
——資質① 自分を律することができる 140
——資質② 決断が速い 143
——資質③ 単独行動をする 144
——資質④ 裏表がない 145
——資質⑤ 耳の痛いことを言う社員を許容できる 147

第3章 会社が潰れるのは、「売れないから」だけじゃない

ルーズな社長が経営している取引先 151
新しい取引先には細心の注意を 154
——詐欺のおかげで空中分解 158

――預金口座は分散する 162
――お金が人を変える 165
社員が勝手にルールをつくる 167
クレーマーから社員を守る 170
マージンは経費なの 173
「交渉」の意味 175
船長は沈没前に乗組員をボートで逃すのが役目 178

第4章 会社を危うくする「誘惑」に打ち勝て

成功に終わりはない 183
「ブレない」は本当にいいことか? 187
人望のない社長に未来なし 189

税金を払わないと倒産する確率が高まる 190
飛び回る人に利益なし 192
情報収集・管理の誘惑 195
烏合の衆からは何も生まれない 197
ケチもほどほどに 199
品揃えを増やすメリット・デメリット 202
人を雇うのは最後の手段 204
会社なんて単なる器にすぎない 208
小さな会社は法律で戦う 211
――裁判は損 211
――訴えられたら必ず弁護士を頼む 213
――大企業とのやりとりは必ず議事録を作る 216
――大企業との契約は弁護士に依頼する 217
金融機関との付き合い方 221
――銀行選びは慎重に 221
――無借金経営の罠 222
――銀行の融資窓口に立ったら負け 224
――信用調査会社の先に銀行がいる 227

短気は損気、じっくり粘り強い交渉を　229
取引先の利益も考える　232
類似の商品がないものはなかなか売れない　236
人脈は儲けさせてあげることで増えていく　238
やばい社長は人脈でわかる　242
もっともらしいことを疑う　245
――誰も疑わないことは結構怪しい　246
――日本人は集団行動が得意？　248
――それは本当に当たり前なのか？　250
――結局、見た目だったりする　253
――素敵な写真が社長をすばらしい人に見せる　255
チャンスの女神には長い後ろ髪がある　258
――チャンスを逃さない勘を育てる　259

第5章

本質を見つめ、本質を考え、本質をつかめ

怒りが本質を見失わせる 265
経営の本質とは、社長の生き方 270
営業の本質とは、サプライズ 272
「なぜ売れないのか？」を考える 274
――買いたいけど買わない 274
――「メリット」と「状況」は対立関係 276
――まっとうなことを言う 278
――すぐに売ってはいけない 279
――売れない理由は見込み客が少なすぎるから 280

第6章

大きな会社にするために

大きくなる会社と大きくならない会社の違い 285

――社員がお金の決済権を持っている 285

――太鼓持ちの撲滅と本当のことを言う社員の育成 287

儲けは、利益・スピード・期間で考える 290

――入金されるスピード 290

――商品・サービスの寿命期間 291

決して恨まれてはいけない 293

社長も「報連相」が必要 295

ビジネスは交換作業 299

会社を大きくするターニングポイント 302

おわりに 308

第1章

「成功」とは成功者のマネではなく、失敗者の逆をすること

会社の成功は「正しい選択」から

「朝から晩まで毎日毎日、こんなに頑張っているのに会社が儲からない、うまくいかない」

このような話はいたるところで耳にします。

何がダメなのでしょうか？

あなたは他の人より何か劣っているのでしょうか？

いいえ、ダメでも劣っているわけでもありません。

実は、会社経営はうまくいかないのが「普通」なのです。

国税庁によれば、法人設立後3年で企業の35％が倒産や解散をしています。そして法人設立後5年で85％が消えます。ちなみに10年以上存続している会社は6・3％、

20年以上ならば0・3％です。つまり99・7％の会社が20年間で消滅します。

あなたは朝から晩まで頑張って仕事をしているのだと思います。でもライバル会社の社長も頑張っているのです。時間はみな同じ24時間、差はなかなか縮まりません。だから相当うまく経営しない限り、会社というものは消滅するのがむしろ普通なのです。

では、会社経営とは何でしょうか？

それは一言で言うとどんな判断をするのか、言い換えると「どんな選択をするのか」に尽きます。選択が正しかった社長は成功し、選択を間違えた社長は失敗するのです。本書で一貫してお話しするのは「正しい選択」をするということです。

そこで本章では正しい選択をするための「ヒント」をお話しします。

小手先のマーケティングテクニックで会社は変わらない

とにかく「利益を伸ばしたい」「成功したい」という一心で、あなたは多くのマーケティング本を読んでいますよね。お客様の心に響く文章の書き方、SNSやサイトで集客する方法、YouTube……。そして「おっ、なるほど！　目からウロコだ」とやってみると、いつもより少し問い合わせが多くなるものです。「よし、これだっ」とどんどんやってみると、売上がまた少し上がる……。

で、その後会社はどうなりましたか？

大きな会社になりましたか？

なっていませんよね。

私自身もそうでした。

マーケティングの本に書いてある凡人でもできるという言葉を信じて、すぐにチラシのコピーを作りました。

自分で言うのもなんですが、なかなかの出来です。チラシをお客様に送ると反応がいい。しかし、それは最初だけでした。どんどん反響がなくなり最後はゼロになりました。

こんな一喜一憂をずっと繰り返していました。

当時の私の姿は、今のあなたとたぶん一緒ではありませんか？

工夫したチラシやサイトで売上が少しアップしたものの、会社は以前とたいして変わってはいません。さらに売上を伸ばすため、また違うマーケティングの本を読む、セミナーに出る。会社を設立して最初の10年間はいつもこの繰り返しでした。

私も会社を30年以上経営してきて少しわかったことがあります。それは、

「成功する方法に従っても成功はないが、失敗する方法の逆をすれば成功する」

ということです。

ちょっとわかりづらいでしょうか？

本をよく読むあなたなら気づかれていると思いますが、正反対の成功例というものが結構ありますよね。

これって不思議ですよね。ユーザーを囲い込んで売上がＵＰする会社もあるし、オープンなマーケットで成功する会社もあります。

たとえば成功例として、こういう話をよく聞きます。

・組織を平たくしてすべて社長の直轄。部長、課長なんていう肩書きをはずして「○○さん」と名前で呼び合うようにしたら業績が上がった！
・事業部ごとにピラミッド型の組織をつくり、競い合うしくみにしたら、競争意識とコスト意識が隅々まで浸透し大成功した！

実はコレ、どっちも正しいんです。会社経営は、こぶとりじいさんと同じ。同じことをやってもダメな人もいるし、そうでない人もいる。様々な成功者やマーケッターたちの本にも、真逆のことが書いてあることが多いですよね。

でも、どちらも成功しています。彼らが勘違いしているわけでも間違っているわけでもありません。つまり「成功には方程式がない」ということです。

しかし、失敗している人はみな同じようなことをして失敗しています。よって、次のことが言えます。

「失敗には法則があり、成功には法則がない」

つまり失敗する方法を学べば、成功に近づけるということではないでしょうか。不思議なことにひとつひとつ選択に失敗しないと会社はいつの間にか成功してしまうんです。

「なんだ、そんなの当たり前だよ」と思われましたか?

いえいえ、そんなに甘くありません。お金儲けの誘惑に打ち勝つのは大変です。様々なおいしい話やすばらしい人々があなたをだましにやってきます。

では、どんな失敗があるのかをこれからお話しします。

もしあなたが起業して何年か経っているなら、たぶん一度や二度は経験したことがあると思います。

そうです。あれは偶然ではなく必然だったんです。

勘違いが会社経営を狂わせる

マーケティングの本を読んだり、セミナーを聞いたりすると、どんなものでもたくさん売れそうな気がしてくるから不思議です。

ところがどっこい、世の中はそんなに甘くはありません。売れないものはやはり何をやってもどんなことをしても売れないのです。

なぜ売れないかというと勘違いや思い込みがあるからです。そしてあなたの意地やエゴ。あなたの商品やアイデア、サービスが会社を大きくする「商材」なのかを一度冷静に考えてみましょう。

そこで、まず陥りやすい「勘違い」を検証してみます。

――勘違い①　どんなものでも少しは売れてしまう悲劇

たとえば新製品を出すとします。そのときにあなたを困らせる、あなたの判断を狂わせることがあります。

それは、どんなものを販売してもなぜか少しは売れてしまうということです。

全然売れないなら諦めもつくのですが、なぜか少し売れるのです。するとあなたはこう考えるでしょう。

「もうちょっと広告をすればもっと売れるかもしれない」

「営業マンを雇って新製品に専念させれば、すごく売れるかもしれない」

そこで、キレイなパンフやカタログを作ります。ネット広告を出したり、人を雇ったりします。すると売上はまた少し伸びます。そこでさらにお金を投資します。

ところが、いつまで経っても「少し」しか売れません。そして数カ月後か数年後、やっともうこれはダメだと気づき撤退します。

私もそうでしたが、あなたもこの繰り返しではありませんか。これでは会社は大きくなりません。

――勘違い② そもそも赤字の会社は存在しない

伸びない会社、倒産する会社のほとんどがやっていることがあります。それは100円で仕入れた商品を80円で売るという行為です。

「えっ、そんなバカな。損するために会社を経営している人なんていないよ」

いいえ、こういうことをしている経営者は多いのです。倒産するほとんどの会社がこういうことをやっています。

たしかに、会社はどんな商品を販売したとしても、計算上赤字になるものは売りません。だから、そもそも赤字の会社なんていうものは存在しない「はず」なのです。

しかし、会社トータルの数字だと赤字になります。

さあ、なぜでしょうか？

お気づきですよね。会社というのは、社員という大きな「仕入れ」があるからなんです。会社とはよっぽどのことがない限り、社員がいなければ必ず黒字なんです。

そして重要なことはあなた自身も会社にとっては仕入れなんです。ですから商品を販売する際には、必ずあなたの給与も含めて人件費を入れて「仕入れ」を考える必要があります。

――勘違い③　会社経営は時間との戦い

たとえばひとりの営業マンがある商品を1000万円契約したという話があるとします。毎週1000万円の契約だったら「スゴイねー」となります。毎月、1000万円なら「頑張りましたね」。年間に1000万円ならば、「ちょっとまずいんじゃないの」となります。つまり、同じ1000万円の契約でもその時間、期間によって価値が変化するということです。

会社とは存在するだけで家賃や給与、交通費などをどんどん消費していく「生き物」です。ですから時間という概念が希薄だと明日まで待てばもらえる1億円を捨てて、今日の100万円に手を出さざるを得ないということも起こります。実際にそういう社長を何人か知っています。

会社経営、特にキャッシュフローは時間との戦いなのです。

会社経営で重要なのは「いくら儲かる」だけで判断してはいけないということです。儲かる金額とそのために必要な時間の2つ、つまり、「いくらをいつまでに儲けるか」を考えることが重要です。

――勘違い④　常に新しい商材を探し続ける

私の知り合いでN社長という人がいます。人は悪くないのですが、とにかく何にでも手を出します。起業したのは私より古いのですが、いまだに何をやっているのかわかりません。N社長はいつも借金まみれの状態です。

ある日偶然、駅で会ったときに、「仕事は何をやっているの」と聞くと「今のメインはコレコレ」と話し出しました。N社長の事業にはメインとかサブがあるんですね。また「今の」という言葉が短期的なことを意味しています。何でもやっている人というのは、逆に何もやっていない人でもあります。

N社長の行動は、次の通りです。

・大きく儲かる仕事を思いつく
・しかし、お金が入ってくるまでに時間がかかる
・そこで少額でも、早くお金が入ってくる仕事と掛け持ちをする

結局、大きく儲かる仕事はいつも中途半端になり、失敗をずっと繰り返しています。負の連鎖です。N社長はここから学べばよいのですが、そうは考えません。

N社長は、このことから「きちんとひとつの事業に集中しなければ成功しない」と考えるのではなく、「やはりひとつに賭けるとリスクが大きいので、いくつもの仕事を同時に行うべきだ」という結論になります。

だから、いつも短期的に小手先で儲かる仕事を探します。

・深掘りしないので、スキルや経験が身につかない
・長期的にやるつもりはないので勉強もしない。だから失敗する
・また次の商材に手を出す

この繰り返しです。

私はN社長のような人たちを今までたくさん見てきました。そしてほとんどの人がいなくなりました。

不思議なことがひとつあります。それは彼らが消える前に最後に言い残す言葉がみな同じなのです。その言葉とは、「何か手っとり早く儲かる仕事ないですか」です。

——勘違い⑤ 利益率より利益額

中小企業が手を出してはいけないビジネスは、低価格で数を多く売らないと商売にならないようなものです。

私のところにもベンチャー企業の社長がたまに来るのですが、そのときにこんな話をする人がいます。

「利益は1000円ですが1万個売れれば……」

残念ながら中小企業にとって、たくさん売れれば儲かるという商品は絵に描いた餅で終わります。「1000人契約がとれれば」とか、「1万個売れれば」というような「たくさん売れることが前提の商品」は、大企業だけが販売できる商品です。

お金や人、ブランド、販売網などがきちんとしていない中小企業には、商品がいくらよいものであってもたくさん売ることはできません。

ゆえに中小企業は、ひとつひとつの利益額が小さいものを販売してはいけません。

利益率より利益「額」です。

利益率がいくら高くても、数で勝負しなければならない商品は必ず、じり貧になってしまいます。運よくたくさん売れてしまったら、今度は大企業が乗り込んできます。よいことはひとつもありません。飲食店も同様です。牛丼チェーンのようなところと競うことは自殺行為です。


また、マーケットが大きいものもなかなか難しい商品です。

ある社長からエクセル上で動く画期的なソフトを開発したので一度見てほしいと連絡があり、見せていただいたときのお話です。

たしかに社長の言う通り、ソフトはすごくよくできていました。そこで社長にどういうターゲットに販売していくのかをお聞きしたところ、社長はこう答えました。

「世界中でエクセルを使っている人は○億人いる。もし、当社のソフトをその1%でも使ってもらえれば、収益はいくら……」

ソフトの善し悪しは別として、そもそもその○億人にどうやって商品を知ってもらうのか、広告宣伝はどうするのかという問題があります。大手企業なら「新聞やマスコミがとり上げてくれて……」ということもあるかもしれませんが、中小企業は誰も相手にしてくれません。

同様の話で、うちには何十万人の会員がいるとか、団塊の世代を狙ってといった大きなマーケットの儲け話を持ってくる人がいます。私の周りでこういう話にのってうまくいった例をひとつも聞いたことがありません。振り回されたあげく、結局1円にもならなかったという話はよく聞きます……。

こうしたマーケットの大きいものは多くのお金や時間、労力、広告宣伝費がかかりますから、中小企業の場合、会社が危機的な状態になってしまう可能性もあります。

余談ですが、あなたにこの手の大きな話を持ってくる社長は私の経験上、サギ師や怪しい人が多いようです。併せて注意が必要です。

会員制ビジネスなど多くの会員を集めなければならないビジネスも、中小企業ではやはり難しいでしょう。参入は容易なのですが、継続するのがなかなか大変なビジネスです。

当初はあなたのツテや今までのお客さんにお願いすることで、そこそこ会員は増えるでしょう。しかしその後、会員数が伸びずに低迷、会員もクオリティが低く、メリットがあまりないため、退会が続きます。

このとき、会員すべてが退会してくれればよいのですが、少数でも会員が残ると悲惨です。そもそも会員制ビジネスは大人数が原則ですから、毎月赤字を垂れ流すことになります。高いクオリティを継続的に維持するというのは、資金力やブランド力がある大企業でないとなかなか難しいのです。

また別の話ですが、創業社長はとかく新しいことに目が向いてしまいがちですから、会員数があまり伸びないと自分自身が「飽きてしまう」という違う問題も起こります。

――勘違い⑥　販売代理店に売ってもらう

販売代理店に売ってもらう、つまり「営業を他人任せ」にする社長がいます。「どこそこの会社は県内で売上が1位。お客さんもたくさん持っているし、この会社が販売代理店になってくれたらすごく売れそうです！」

ごめんなさい。たぶん売れません。

中小企業の場合、販売代理店に売ってもらうという戦略は、たいていうまくいきません。自社でさえ売れないものは販売代理店ならなおさら売れません。

特に複数の商品をすでに扱っている販売代理店にとって、あなたの商品は売れても売れなくてもどうでもよい商品なのです。売るものは他にいくらでもあるのです。ですから売ったことがない、売れるかどうかもわからないあなたの商品を販売代理店が一所懸命、まじめに売るはずがありません。

また、販売代理店の社長が扱ってくれたとしても、その下の支店長や営業マンがまじめに売るかどうかも疑問です。

商品というものは死にものぐるいになって初めて売れるのです。販売代理店があなたの商品しか売らないなら別ですが、そうでないなら売上はあまり上がらないと思います。

実は、私も全国に販売代理店を100社くらいつくった時期がありましたが、1年間にひとつでも売ってくれる会社はそのうち数社しかありませんでした。その他の会社は、話があったら売ってあげますよといった程度の感覚です。

では、私が昔、上場している大手のコピー販売会社の代理店開拓部門の顧問をしていたときの話を紹介します。その会社では販売代理店を募る際に条件が3つありました。

・社長を含めて5名が本社で3カ月間、営業研修を受けること
・営業研修費用としてひとり80万円。合計400万円を用意してくること
・死にものぐるいで頑張ること

当時、ある社長が販売代理店になりたいということでこのコピー販売会社に来社してきました。もちろん自分を含めて5名の社員とお金も用意してきています。コピー販売会社の役員は、「よくいらっしゃいました」と応接室に通し深々とお礼、その後販売代理店の心得や営業の仕方などを詳しく説明しました。

そのとき、社長が質問をしました。

「もし営業中、携帯に私用の電話がかかってきたら電話に出てもよいですか」

すると即座に役員は立ち上がり「社長、本気になったときにまた来てください」と言って握手をし、社長を追い出しました。

社長が帰ると、役員はこう言っていました。

「井上さん、販売代理店はとにかく死にものぐるいでやらなければ、絶対に物は売れないんですよ。当社としてもカタログ代からサポート要員などお金がかかっています。仕事中に私用の電話に出てもいいかなんていうくだらない質問をする社長はまず売れません」

その後も、20社近くの販売代理店の面接に同席しましたが、合格者はゼロでした。

中小企業が販売代理店を持つというのはとても難しいことなのです。大手企業ならば、下請けへ圧力をかけたり、自社のネットワークを駆使したり、お金にものを言わせるなど、様々な方法で販売することもできます。それに対し、中小企業は販売ルートもしっかりしていませんし、ブランド力もありません。販売代理店に多くの販促金を支払うこともできません。結局はお金が尽きて終わります。

また怪しい会社もあります。特に加盟金などを要求する会社や初期に高額な商品をサンプル品として購入しなければならないという会社は注意が必要です。怪しい会社は、商品を販売してほしいのではなく、あなたが販売代理店になったときにあなたが買うサンプル品の販売で儲けようとしているだけなのです。

――勘違い⑦　何も考えずに値付けする

不動産のように高額なものを売る会社やディスカウントショップのように低価格のものを大量に販売する会社は別として、儲かっている商社や小売店は、儲かっていない会社とは値付けの仕方が全然違います。

儲かっていない会社のほとんどは、

「定価の6掛けで仕入れて、2割程度の値引きで売る」

という会社です。

「えっ、普通だと思うけど……」

と思うのなら、残念ながらあなたの会社は大きくなりません。

では、儲かっている会社の販売価格はどうかというと、こんな感じです。

「定価の1掛けか2掛けで仕入れて、ほぼ定価で売る」

儲かっている販売会社の社長はこう言っていました。

「小売業は、商品の仕入れ価格が2掛けでギリギリ、3掛けだと商売にならない。だからうちでは8割以上の利益率がない商品は扱わない。昔のように商品を並べておけば売れる時代と違って、商品を売るのにたくさんお金がかかるようになった。粗利の低い商売をしていたら会社がスグなくなっちゃうよ」

たしかにその通りです。今はたくさんの情報を持っている賢い消費者が増えました。インターネットが普及したため、広告宣伝費が下がったと考える社長もいると思いますが、むしろ競合が増えたため商品を販売するにはもっと経費がかかる時代になってきたのです。

――勘違い⑧　本業以外で儲ける手数料が結構おいしい

よく中小企業の社長のところに持ち込まれるのが販売手数料をあげますよというお話です。たとえば、こんなお話です。

「お客さんにコレ提案してくれませんか。あなたが紹介してくれたお客さんに売れたら手数料を支払います」

本業とは関係のない仕事ですが、手離れもよくお客さんを紹介するだけでうまくいけばお金がもらえるということで、これに一所懸命になってしまう社長がいます。

しかし本業とは関係ないので、いくら頑張ってもあなたの会社が伸びるわけではありません。手数料といってても本業の数分の一ですから会社を支えるほどの力はありません。

さて「会社経営の勘違い」を8つ列挙しましたが、あなたもこの中のひとつくらいは経験されているのではありませんか?

会社を大きくするにはチャレンジが必要ですが、マイナスになる勘違いビジネスを減らす必要もあります。成功するためにはプラスのビジネスを多くして、マイナスのビジネスを少なくすることが重要です。

「そう言うアンタは、こういう勘違いビジネスをいくつ経験したの?」

するどい質問ですね。困りましたね。

私はこの中の……、えー全部です……。

普通に考える

あなたもいろいろな会社の社長が語る新事業の話を聞いて「えっ、それってホントにうまくいくのかなぁ」と思われたことがあると思います。「風が吹けば桶屋が儲かる」というようなありえない話を真剣に熱く語る社長もいます。また、そのうまい話をうのみにしてしまう社長もいます。

今まで聞いた中で一番とんでもない話は、ある社長から聞いたM&Aの話です。
「井上さん、今度うちの会社、M&Aである会社を吸収するんだけど、その会社はすごいんだよ。秘密の話なんだけど、その会社の商品が全国の自衛隊に導入されるということが内々に決まっているらしいんだ。その会社にうちのナレッジを組み合わせれば大化けするよ」

その後しばらくして、その社長に会うとこう言っていました。

「いやひどい話だよ、自衛隊の話。結局箸にも棒にもかからない話だったんだ。どういう話かというとある日、全然知らない人から突然電話がかかってきて、お宅の商品は自衛隊にピッタリ。導入してもらえるのではないかと言われたらしい。その連絡してきた人自身、自衛隊とはまったく何のつながりもなく、単に自衛隊のホームページを見て思いついただけなんだって」

まぁ、普通に考えれば、そういうすごい話が来る会社は売りには出ないわけです。こういうおいしい話にのってしまう気持ちはわかりますが、世の中にはそうそううまい話は転がっていません。

また、自分の発想がすばらしいと思い込み、普通に考えられなくなってしまう人もいます。ある社長の話です。

「今度の商品は、みんなが欲しがっていた商品だから、全国から引き合いが来ると思う。だから全国の主要都市に支店を出そうと思う。その後はフランチャイズ化して地方都市もカバーしていきたいなぁ。そのために社員教育には力を入れていきたい。やっぱり事業は人だからね。そうなると社内システムも大規模なものになるので、販売から会計までを統合したきちんとしたクラウドのシステムを構築していきたい。これをフリーウェイジャパンに頼みたいがどうだろうか」

社長は成功を信じて疑っていないので、こういう流れになるのでしょうが、事業はそうとんとん拍子に進むものではありません。

ビジネスを考えるときに重要なことは「普通」に考えることです。

あなたも誰かのビジネスモデルを聞いて、「普通そういうものって売れないよなぁ」とか「どうやって売るんだろう、誰が買うのかな」と思ったことがありますよね?

ですから、まずビジネスを思いついたら、普通に考えてみることが必要です。

たとえば、夜にスゴイビジネスを思いついたとしても、朝になってそのビジネスを冷静に考えてみます。すると、「なんだたいしたビジネスじゃなかったな、そもそもビジネスとして成り立たないじゃないか」ということもたくさんあるのです。

まず普通に考えてみて「ビジネスとして成り立つかどうか、普通に考えてそういう話はあるのだろうか」を自分自身に問いかけます。もし自分で冷静に判断できなければ社員や友達、知り合いの社長に聞いてみることです。

「そんなことわかっているよ」という方。いやいや、なかなかこの「普通に考える」というのは難しいのです。では具体的にどんなことがあるのかお話しします。

――普通のこと① 誰も欲しくないものは売れない

誰も欲しくないものをつくり出す社長もいます。

「井上さん、これからはブルーオーシャンなんだよ。大手が乱立して価格競争になってしまったマーケット、レッドオーシャンではなく、まだ誰も気づいていないニッチなマーケット、ブルーオーシャンを狙うんだよ。それでね、こんなサービスを始めようと思うんだ」

社長は興奮してしゃべります。こういう新しい言葉に飛びつく人っているんですよね。

私はそのサービスの詳細をお聞きした後、社長にこう言いました。

「すみません、誰もそのサービスはしてほしくないというか、そもそもニーズがないと思いますよ。ニーズがないからレッドオーシャンになっていないんです」

こういう本質のない言葉や抽象的な理想論に振り回されてしまい失敗する社長も少なくありません。

私は昔、ベンチャー企業への支援団体に出資していたこともあり、様々な起業家に会いました。食べられる化粧品や運送業を知らない人が作ったトラック配送管理システム、よくできているけどまったく面白くないゲームなど、いろいろと不思議な商品をたくさん見てきました。

こういう社長たちは、誰も欲しくないものを、世の中の誰かは欲しがっているのではないかと思い込み、勝手にニーズがあると判断してしまうのです。誰も欲しくないものは、当たり前ですが誰も買いません。

これは私も含めてですが、人は他人の話は冷静に判断できても自分の話となると的はずれな思い込みをしてしまうことが往々にしてあります。占い師が自分を占えないのと同様に、人はなかなかニュートラルに物事を考えられないものです。

では、次に普通に売れるものはどんなものなのかを考えてみましょう。

――普通のこと② わかりやすいものを売る

中小企業が売れるものは「誰でもスグわかるもの」です。逆に売れないものの典型的なものは、イメージできないものや画期的なもの、つまりわかりにくいものです。

大企業ならば、莫大なお金や人員も揃っていますから、会社のブランドを駆使し、人々を啓蒙することができます。わかりにくいものでも新しいマーケットを創造し、売ることができるかもしれません。

しかし、中小企業がそのマネをすることはかなりハードルが高いと思います。

わかりにくいものは、たとえいいものであってもなかなか売れません。

・まず説明するのが大変
・一所懸命に聞いてくれる人を探すのも大変
・聞いてくれる人を探すための宣伝広告費も膨大
・よしんばうまくいったとしても、結局、後から大企業がやってきて「ありがとう」と言ってすべてのお客さんをかっさらっていく

これが悲しい現実です。日本では、中小企業は大企業のマーケティング機関にすぎないのです。

ですから商品開発をする際にはとにかく、わかりやすいものを作るということを念頭に入れておかなければなりません。

たとえば新しい炊飯器を開発するとします。中小企業が手を出してもよいのは「これは電磁波の何々理論によりお米全体を均等に加熱し……」という画期的な商品では

ありません。「お釜は厚釜がいいんですよ。ほら昔はお米を炊くとき、でかい釜で炊いてたでしょ」というアナログな商品の方が売れます。前者はお客さんを説得しなければなりませんが、後者はなんとなくイメージがわくのではありませんか？

わかりやすいもの、人がすぐイメージできるものはどんなものかというと、単純明快でシンプルなものです。聞けば、「あーそういうものね」とすぐにわかるものです。ところが、社長はこんなに単純なものだと売れないいんじゃないかと思い込みます。そこで変な付加価値を付けようとします。もっと便利に、もっと高機能と商品をこじって、こねて、ひっくり返します。

そして、奇妙奇天烈な商品が誕生します。開発しているうちに、普通の感覚がまひしてしまうんでしょうね。ありますよね、多機能すぎてこれ結局何なのという商品。

また、これは商品だけに限りません。会員制クラブとか何とか会のような団体も同様です。たくさんの様々なサービスをくっつけて会員に喜んでもらおうとします。結婚式や葬儀、旅行やホテルが割引になったり、デパートや飲食店のクーポン、美容院やエステの無料チケット。そして最後は、いったい何のための会なのかさっぱりとわからなくなります。

付加価値を付けたり、高機能にするのは、その商品が定着した場合や他から同様のものが出てきたとき以外には追加してはいけません。むしろアピールポイントがぼけてしまうからです。中小企業は優れた単機能商品、シンプルなもので勝負すべきだと思います。

――普通のこと③　広告を見る人はお客さんばかりとは限らない

「これは儲かりそうだ。いけるぞっ！　よし新聞に全面広告を出そう、インターネットで大宣伝だ、販売代理店を募って一気呵成に売り込もう！」

なんていう社長も多いのですが、中小企業の場合これはなかなか難しい。商品やサービスがよければよいだけ、売れれば売れるだけ一気に攻め込むのはダメなんです。

なぜなら、広告を見るのはお客さんだけとは限らないからです。ライバル会社の人も社長が出した広告を見てしまいます。

会社経営はゲームと同じで相手がいるんです。経営とは「ひとり対無数」というとんでもない戦いです。

「おっ、これはいいな売れるぞ！」とあなたが思うことは、ライバル企業も「やられた。うちもモノマネして同じものを作ろう！」ということになります。あなたが思いついたものがすごくよければよいほど、ライバルはもちろん、大手や異業種からも参入してきます。

すると一時的に儲かったとしてもスグに価格競争に巻き込まれてしまいます。

そして最後には「これってどこにでもある商品だよね」と消費者に言われるようになって終わりです。

もちろん売上、利益もどんどん減ってきます。大企業から見ると、悲しいかな、あなたの会社は単なるアンテナショップにすぎないのです。
「おっ、売れそうなものを発掘してくれてありがとう。あとは僕らがシェアを独占するからあっちいっててね。また頼むよっ」
そんな感じです。

昔のビジネスと今のビジネスの大きな違いは情報伝播力が変わったことです。昔は情報が隔離されていましたから、この地域では商品を高く売ってやろう、あの地域で起こったクレームは知られていないだろうということがありました。

しかし今は、情報が世界中に瞬時に伝わります。だからあなたのアイデアもライバル会社がすぐ知ることになります。

10年ほど前、税理士のボランティア団体が福岡県で「お金持ちじゃない人の相続セミナー」というタイトルの講演をしたそうです。10日ほどして、団体のトップの人が東京に戻り新聞を広げると新聞広告に「お金持ちではない人の相続セミナー」という講演が掲載されていたそうです。

このようにあなたが一所懸命に考えたビジネスやアイデア、商品はすぐにマネされてしまうのです。そのため新しいビジネスを立ち上げる前に、マネされた後のことまで考えてマーケティング戦略を考えておかなければなりません。

――普通のこと④　ありえないことをする人も参加してくる

まず、次のシナリオをお読みください。

(1) あなたはレンタルビデオ店を経営しています。レンタル料金は300円です
(2) あなたの店の近所にライバルのレンタルビデオ店がオープンしました。レンタル料金は250円です
(3) ライバル店にお客さんをとられて、あなたの店の売上は減りました
(4) そこであなたの店ではレンタル料金を200円にしました

(5) ライバル店はレンタル料金を150円に下げました
(6) あなたの店の売上は減り赤字になりました。しかし、これ以上の価格引き下げは、赤字がどんどんふくらんでいくと考えレンタル料金を変えませんでした
(7) あなたの店の経営は低迷しました。そして年内には店を閉めようと考えました
(8) その数週間後、ライバル店は倒産しました
(9) あなたの店は価格を元に戻して利益が戻りました

何が言いたいのかと言いますと「ビジネスは常識の通じない掟破りの人とも戦わなければならない」ということです。倒産覚悟の破れかぶれで突っ込んでくる人、後先を考えずに無謀なビジネスを仕掛けてくる人、そういう「掟破りの人」もたくさんいるのです。

世の中は利口な人ばかりとは限りません。昔を思い出してください。小学校、中学校のときにかけ算ができない子とか分数がわからない子、簡単な漢字を読めない子、いましたよね。ビジネスの世界でも同じことなんです。こういうできない子が大人に

なり社長になっている場合もあります。

一般的に会社に入るには入社試験や面接を受けて合格しなければなりません。昇進するには上司から評価されなければなりません。

しかし、社長だけは法務局に行けばなれるのです。だからおかしな社長もたくさんいます。

ですから、あなたの頭脳では理解できないようなとんでもないことやありえない行動をとる社長もいます。そして結局、彼らは倒産します。しかもあなたを道連れにして。

ビジネスは頭のよい人への対抗策と利口でない人への対応策の両方を考えなければなりません。

――普通のこと⑤　同じ仕事でもビジネスモデルが違うことがある

次のシナリオをお読みください。

(1)あなたはレンタルビデオ店を経営しています。レンタル料金は300円です

(2)あなたの店の近所にライバルのレンタルビデオ店がオープンしました。レンタル料金は250円です

(3)ライバル店にお客さんをとられて、あなたの店の売上は減りました

(4)そこであなたの店ではレンタル料金を200円にしました

(5)ライバル店はレンタル料金を150円に下げました

(6)あなたの店の売上は減り赤字になりました。しかし、これ以上の価格引き下げは、赤字がどんどんふくらんでいくと考えレンタル料金を変えませんでした

ここまでは先ほどと同じです。そして次から少しシナリオが変わります。

(7)あなたの店の経営は低迷し続けました。しかし、「うちよりライバル店はもっと苦しいはず。いつか必ず破綻する」と、そのまま営業を続けました

(8) その後、数カ月してあなたの店は倒産しました

(9) ライバル店にはあなたのお客さんだった人たちがたくさんやってきました。実はライバル店は、コンビニの経営がメインでビデオ店はそのコンビニにお客さんを呼び込む手段にすぎなかったのです。だからビデオ店の方は赤字でもよかったのです

「そんなのずるい、早く言ってよ」と思われたかもしれません。しかし、内部の情報をライバルに知らせる必要はありませんし、そもそも世の中は平等ではありません。自分が苦しいからといって、隣も苦しいとは限らないのです。

もしかすると第3のシナリオは、「あなたの店もライバル店もどちらも倒産した」という結末になったかもしれません。

――普通のこと⑥　大きく儲かる話は話半分に聞く

30年以上会社を経営していますと、時折すごく儲かる話がやってきます。昔はこういう話が来るたびに小躍りして喜びました。たぶん今まで、大儲けの話は100以上来ていると思います。

では、その中で儲かった仕事は今までいくつあったのかというとひとつもありません「ゼロ」です。

あるとき、大手メーカーA社から「井上さん、監視カメラのシステムって作れますか」という電話がありました。詳しく聞くと、電鉄会社から監視用のカメラを取り付けたいという件でA社に連絡があったそうです。

私は「おっ、大きな仕事が来たぞ」と喜びました。

A社の担当者は笑みを浮かべて次のように言います。

「A社と電鉄会社の技術部門とは昔からパイプがあり、ツーカーの仲なんです。だからこの受注はもう決まったようなものなんです」

それから1週間後、大手メーカーB社から連絡がありました。実は電鉄会社で……

というお話。

B社の担当者によると「電鉄会社の取締役から直々に連絡があり、見積りが欲しいとのこと。電鉄会社の取締役はもともとB社の出身で今回の監視カメラの決定権を持っている」ということでした。

その後大手メーカーC社からも連絡が来ました。実は電鉄会社から……。

「あらあら、またその話ですか」

C社の監視カメラは国内最大手で電鉄会社はほぼC社の独占状態。話も電鉄会社の社長から直接打診があったとのこと。

私はほくそ笑みました。A社が受注してもB社でもC社でも仕事は全部うちに転がり込んでくるわけです。その後の半年間、各社とあーでもないこーでもないと打ち合わせ。

そして結局どうなったかというと、「時期尚早、見送りました」とのこと。

今まであなたのところへ「おいしい話」はいくつも来ていると思います。でも決まらなかったでしょう。

「商工会議所の会員がすべて導入してくれる……」

「大手メーカーが全額負担で……」

「国の助成金が何億か余っていて……」

「知り合いの国会議員からの情報によると……」


私のところにもこういう話はたくさん来ますが、まず決まったためしがありません。

また、こういううまい話にすごくのめり込み倒産する会社は少なくありません。こういう大儲けの話に引っ張り回されたあげく1円にもならなかったという社長にたくさん会いました。

結局、すごく儲かる話というのは徳川の埋蔵金や難破船の宝箱みたいなもので、あるようでないのです。大きな話になればなるほど、その宝箱を目指してたくさんの会社が群がってきます。そして宝箱を開けてみるとそこには何もないのです。中小企業においしい話はやってこないことを知るべきです。

——普通のこと⑦　世の中はアンフェア

あなたもお気づきのように、日本は外国のような資本主義ではありません。中国によく似ています。中国は資本主義的な社会主義、日本は社会主義的な資本主義です。日本の会社は次の通り、大きく2つに分けられます。

・税金がなくなったら存続できない会社……国営、公に依存する会社
・税金がなくなっても存続できる会社………私企業

こう考えると今の日本は、国営、公営、公に依存する会社が非常に多いのです。国内の大きな会社は、ほとんどが民間の顔をした「公」（おおやけ）です。このへんがよくわかっていないと「うちの製品の方がいいのにどうしてNT○に決まったんだろう。さらなる研究開発が必要だっ！」と考えてしまうわけです。こういう場合、一所懸命にやってもたいてい徒労に終わります。

そうじゃないんです。社長の製品の善し悪しではなくて、公の息のかかった会社と戦ったから負けたのです。

公はものの善し悪しではなく、会社の規模や知名度、先輩の天下り先企業、担当者と親しいなど商品以外の部分が大きくクローズアップされます。公務員は勤め人ですからものの善し悪しよりも失敗したくないわけです。ですから大手企業に頼んだり、今までの前例に従っていればもし失敗したとしても責任を問われません。

「なぜあの仕事は受注できなかったのか……」

あなたの会社でもそんなことが今までいろいろあったでしょう。

そう、あのときのことですよ。あれって偶然ではありません。

実はもう、依頼先が決まっていたんですよ。悲しいかな、社長が作った見積りは上司に比較検討しましたと部下が報告するためのただの相見積りや資料にすぎなかったんです。

残念ですが、最初からあなたの会社に頼む気持ちはさらさらなかったのです。

第2章

未来を予測し、未来に売れるビジネスを「今」作れ

社長がすべき仕事は2つだけ

──社長がすべき仕事① 今のお金を稼ぐ

社長はどんな仕事をしたらいいのですか？　ということをたまに聞かれます。

「社長には社長のやることがある。苦手なことや社長がやるべきではない仕事は他の社員にどんどんやらせる。営業が得意な奴、管理や資料づくりが得意な奴など、自分が苦手な部分は得意な奴に任せて、社長にしかできない仕事に邁進することが重要なんだ」

偉そうに言っていた社長を何人か知っています。

しかし残念ながら、こういうことを言っていた社長は、私の周りからすべていなくなりました。むしろ手当たり次第、思いつくままにがむしゃらにブルドーザーのようにやっている社長の方が成功している気がします。

特に創業時や会社が安定していないときには、なんでもかんでもすべて社長がやるというのは当たり前です。ひたすら作業する。何も考えずにひたすらやることが重要です。

ただ、それだけではダメなのが社長業です。

小さな会社の社長業とは、「普通の社員がする〝今のお金を稼ぐ〟仕事もやる。その上で社長しかできない仕事もする」。これが小さな会社の社長の仕事のやり方なのです。

――社長がすべき仕事② 未来の仕事を準備する

先ほどお話ししたように、小さな会社の社長は、今のお金を稼ぐために何でもするのが必須です。しかしそれだけではダメです。社長がすべき仕事にはもうひとつあるのです。

それは「未来の準備」です。社長はこの2つを同時並行して行うことが必要です。未来のことばかり考えていたら、今日必要なお金が入って来ません。また今の仕事ばかりやっていたら将来は仕事がなくなることもあります。普通の社員と違う部分はここなのです。

――「今」の延長線上に成功はない

成功しようと焦っている社長、新しいしくみで売上を伸ばそうとしている社長、ちょっと立ち止まって考えてみてください。これからどうやって売上を伸ばしていきますか?

「ゴメンナサイ。たぶんその方法では成功できません」

何も話を聞かないで何がわかるかですって?

それは、あなた自身が気づいているはずです。今のビジネスをそのまま拡大しても、5年後に10倍、100倍売れることはないということに……。

私は前に、自分がなぜ成功できなかったのかを過去にさかのぼって考えたことがあります。そしてフェーズを4つに区切って考えてみました。

(1) 創業当時の失敗点
(2) 設立5年目頃の失敗点
(3) 設立10年目頃の失敗点
(4) 設立15年目頃の失敗点

自慢ではありませんが、とにかく数多く失敗してきました。失敗の数では負けないつもりです。「あれが成功していたら今頃は……」「あの失敗がなかったら……」と、そんなことを考えながらノートにまとめていきました。

ところが、なんと失敗していなかったんです。

(1)創業時、お金がなくなり銀行から借りた借金を返すだけの5年間
(2)システムをいくつも開発し、そこそこ食べられるだけの売上を出せるようになった5年間
(3)子会社をたくさんつくっていい気になって多角化した5年間
(4)自分が売らなくても会社がスムーズにまわるための組織づくりの5年間

たしかに、「あそこで数百万円、あれがうまくいっていたら1000万円儲かったのになぁ」というものは数多くあります。では、それらが全部うまくいっていたらどうなっていたか、たぶん現金が今より余分にあるだけです。お金が多いというのは、成功とは違います。

さて、これはどういうことなのか。

あなたは何回も経営計画や売上の計画を立てたことでしょう。

では、その通りうまくいきましたか？

いきませんでしたよね。会社の経営なんてそんなものです。そしてまた計画を立てます。

「今期は売上20％ＵＰを目指そう。それにはあれがこれだけ売れたとして、新製品は結構いけそうだ」

わかります。私もそんなことずっとやっていましたから。でも結局、絵に描いた餅に終わりました。

あなたも私と同じではありませんか？

ずーっと成功しなかった私が言うんですから間違いありません。

そしてついに気づきました。

私は今まで、「今、売れるもの」を作ってきたのです。「今、お金になるもの」を作ってきたのです。

これが成功できない根本的な原因です。

先ほど「その方法では成功できません」と書いたのは、たぶん私と同様に「今、売れるものをあなたが考えていた」と思ったからです。だから失敗はしませんが、成功もしません。

ではどうしたらよいのか。

ここは重要です。この一行を読むだけでこの本を買った価値があります。

それは、成功するために必要なのは、今、お金にならないことをすること。

つまり「未来に売れるビジネスを今、つくること」なんです。

本物しか通用しない、残らない

「未来に売れるもの」のお話の前に、商売の大前提のお話をさせていただきます。私の体験談を紹介します。

10年以上前のお話です。私の知り合いのソフトウェア開発者が私のところへ相談に来ました。

「海外のソフトウェアの販売をするので、今の会社を退職し新しく会社を立ち上げるつもりなんです」

その海外のソフトウェア会社は、何という会社なのかを彼に聞きましたが、会社名もソフト名もまったく聞いたことがありませんでした。彼の話によると世界最小のマイクロデータベースとのことです。

井上「何、小さいけどたくさんデータが入るとかそういうことなの？」
彼「いいえ、小さいから容量はスゴク小さいです。ただとにかく速いんです。技術力も相当すごいものがあります」
井上「ふーん。容量が小さいデータベースなんてまったく理解できないけど、まぁいいや。で、どうやって販売していくつもりなの。こういうソフトは普通の人は買わないよね」
彼「そうなんです。ですからまず、ブログを立ち上げて、そこでソフトウェアの説明をして売っていこうと思っています」
井上「おいおいよせよ。海外なら、『君の技術はなんとすばらしいんだ。是非とも契約させてくれ』、なーんてことがあるのかも知れないけど、ここは日本だぜ。そんなことあるわけないよ。ところでシステムを買ってくれるのは、中小企業なの、大手企業なの？」
彼「価格的にも数量的にも大企業でしょうね」
井上「日本では、大企業の場合、その会社の部長を知っているとか、親戚や友達が役員だとか、そういうコネとかツテがないと話も聞いてくれないんだよ。広告も宣伝も何もしないでブログを書いて販売するなんて、ありえないよ」

彼は私の意見も聞かず起業。そして、数カ月後……。

彼「井上社長、例のデータベースソフト売れました。A社です」

井上「すごいな！　A社といったら国内のトップメーカーじゃないか。どうやって売ったの」

彼「たまたま、担当者が面白い技術をネットで探していたらしく、私のブログに問い合わせがありました。その後、その会社の技術系の役員、何人かにプレゼンしたら契約が決まりました」

井上「よく売れたもんだねぇ」

彼「井上社長、恐縮ですが……、本当によいものというのは、見る人が見ればわかるんですよ。すばらしいもの、すごいものは誰もが欲しがっているし、探している人がきっといると思うんです」

ひと回り以上も年下の彼に教えられました……。

このことがあってから、私はお金がかかってもとにかくいいものを作ろう、本物を作ろうという意識に変わりました。当社のクラウドシステムは開発にあたり、国内のトップレベルの会社を20社以上集め、その中からさらに優れた技術を持った会社3社とチームを組んで作成しました。そのおかげでユーザーも50万を超えたのです。

お恥ずかしい話ですが、昔は安くてそこそこ動くシステムを作ろうとしていました。お金をかけていいものを作っても売れるかどうかわかりません。だから開発費を削ってでも広告に力を入れた方がずっと売上につながると思っていました。

マーケティングの本にも「ありふれたものでもたくさん売ることはできる」「小予算でも広告の作り方で問い合わせは倍増する」、なんていうことが書かれています。

当時の私はこういう本の話をうのみにして、たいしたものでなくても、マーケティングの力でどうにかなると考えていました。

しかし違っていたんです。マーケティングというものを勘違いしていました。マーケティングとは、どんなものでもたくさん売る技術ではなく、「まだ知られていない、よいものを人々に知らしめる技術」だったのです。

本当にいいものでなければいかに広告しようがプロモーションをしようが、最終的にはまがいものとして相手にされなくなってしまいます。初めはよくても結局尻すぼみです。今はインターネットが当たり前の時代です。いいものも悪いものもすぐに多くの人たちに伝わります。

「アソコの店は美味しい」

「あの店は接客がなっていない」

こんなことが瞬時に伝わります。宣伝しなくても行列ができる店があると思えば、ネット広告やチラシをまいても閑古鳥の店、小さな特定の地域だけのものだった口コミや情報は、今やワールドワイドになってしまいました。
だから、もう本物以外は、通用しないのです。

大手と中小の考え方はこれだけ違う

先ほど成功するには「未来に売れるビジネスを今、つくること」とお話ししました。成功している大手企業を調べてみると、やはりかなり長期的なビジョンで行動しているようです。

昔、私は「大手は潤沢な資金があるから、どうなるかわからない未来のことに無駄なお金をたくさん使って研究なんかできるんだよ。中小企業がそんな悠長なことをしていたら会社なんかスグなくなっちゃうよ」と言っていました。

ところが、違っていたんですね。大手企業は未来を予測することがお金になることを知っていたんです。未来を予測して商品やサービスを先に作っておかないと会社が存続できないことを経験的に知っていたんです。

ある自動車メーカーのお話です。

私の知り合いでコンピュータ技術者として国内トップレベルの人がいます。

その人はある日、某自動車メーカーからお声がかかり、未来のカーナビの研究を手伝ってほしいという依頼を受けました。システムを開発するのではなく、毎週1回の打ち合わせに2カ月間参加してほしいという話だそうで、出席するだけで300万円もらえるそうです。とてもおいしい仕事です。彼がふたつ返事で了承したことは言うまでもありません。

メーカーへ赴き彼は会議室に通されました。そこには他に9名の方が来ていたそうです。システムエンジニアからコンサルタント、大学教授と様々なメンバーです。彼も入れて全部で10名、著名な人も参加している非常に優秀な人たちが集まったチームです。

彼のチームの討論テーマは「10年後のカーナビの技術について」です。未来を予測し、高度な技術ができたらそれをカーナビに組み込んだらどうなるか、どんなしくみにしたら正確で素早いカーナビができるかを討論します。

優秀な人たちと10年後のカーナビの「あるべき姿」を想像して討論したり研究したりするので、新鮮でやりがいがあると彼は言っていました。

その話を聞いて私は彼に、

「それはスゴイね。ひとり３０００万円で10人、３０００万円も使って、どうなるかわからない未来を予測するのか。大企業はやっぱりお金持ちなんだね」

と返しました。すると彼はこう言うのです。

「いいえ違うんですよ。僕たちのようなチームと少しずつ違ったテーマを与えられて研究するチームが、全部で10チームもあるんですよ」

３０００万円×10チームでなんと３億円です。大企業は３億円もかけて優秀な人たちを集め、潤沢な資金で未来を予測しながら研究開発を行っているのです。こんな大企業に、我々中小企業が勝てるはずがありません。

大きく成功する秘密がここにありました。大企業は10年前に「今の時代」をすでに予測していたのです。

つまり、今の製品はすでに10年前に考えられていたのです。

我々、中小企業は毎日の仕事やお金に気をとられ、漠然とした夢に向かって働いています。未来も過去から推定して計画を立てています。

大企業は逆です。何年も先の売上をつくるため、未来から過去を逆算して現在やるべきことを考えて行動しているのです。

たしかに、ＴＶでやっている日本の中小企業の底力のような番組は見ていて勇気づけられます。しかし、たぶん現実は大企業に勝ったのではなく、大企業にとって力を入れても儲からない、未来がないと見切られた分野なのだと思います。


未来人が現代を見たら、こんなことがすぐにわかります。

「あー、それ今後スゴク伸びるんだよね」

「今すぐ買っておくといいよ！」

しかし、現代にいる私たちにはわかりません。

「未来を予測し、今を行動する」

これが成功するためのカギだと思います。

「少子高齢化」が意味するもの

少子高齢化のことを知っているのは当然として、その少子高齢化の本当の意味がわかっている人は少ないのではないでしょうか。

私の実家のそばにマンモス団地があります。その中にスーパーが4つありました。実家に行くため久しぶりにその団地の中を通りすぎたとき、いつの間にかスーパーが2つに減っていることに気づきました。

以下は私と母の会話です。

「団地のスーパーがなくなっていたよ」

「そうなのよ。最近2つつぶれてしまったのよ」

「団地に住んでいる人が少なくなってしまったのかな。団地もだいぶ古くなっちゃったし入居者が減ったんだね」
「そんなことはないよ。団地に空き室はないって聞いているけど」

なるほど、昔、団地に住んでいた多くの家庭は親も若かったし、子どもも小さかった。しかし、その後、子どもたちが成人し親元を離れてしまったため、残っているのは老人ばかり。子どもたちの食べる分の売上が減った上に、親も食が細り、たくさんご飯を食べなくなった。

そう考えるとスーパーの売上は半分以下になるのは当たり前。だからスーパーがつぶれてしまった、ということでしょう。

私はこの話を聞いたとき「少子高齢化」とは、子ども向けビジネスと超高齢化への対策を考えることだと気づきました。子どもが少なくなるということは、子どもひとり当たりの単価を高くしなければ商売が成り立ちません。超高齢化ということは、単なる高齢化なら成り立つビジネスは商売にならなくなるということです。

たとえば、有料老人ホーム。言葉は悪いですが、有料老人ホームは回転率で儲けています。

もし、日本人の寿命がさらに延びて100歳が平均になったら、どうなるでしょうか？

年金も同じです。若い人たちが高齢者を支えるというそもそもの前提が崩れてしまいます。

これらを踏まえて社長に必要な能力を考えてみると、社長には、

「ある事象から、未来を読み解く能力」

が不可欠ということです。

様々な会社が「現在」だけを見つめて、日々の仕事や資金繰りに奔走しています。

今起こっていることは未来に続いていくのです。

だから、現在起こっていることから未来を予測する必要があります。


「今、なぜそれが起こっているのか?」

「そして今後はどうなっていくのか?」


社長は常にこれらのことを考えて行動することが重要となります。それこそが成功するカギと言えるのです。

つまり成功するには、未来のビジネスを今から予測してつくり、待ち構えている必要があるのです。

20年後の業界の姿から逆算して予想する

数年後の未来、あなたの業界はどのくらい変わっているでしょうか？

昨今は変化のスピードが上がってきました。業界によっては、数年後もなかなか見通せないというケースもあるかもしれません。

では、質問を変えます。あなたの業界の20年後はどうなっているでしょうか？

20年後ともなると、かなり変わっているのではないでしょうか。

１９９３年頃にオフコンメーカーと合同で税理士向けにセミナーを行ったときのことです。

私はセミナーで「これからの税理士はパソコンを使うようになるでしょう」とお話ししました。当時の税理士業界はオフコンがメインでした。セミナー中、各所から失笑が聞こえてきました。

「税理士がパソコンなんていうおもちゃを使うわけないじゃん」

実は、しゃべっている私でさえ税理士がパソコンを使うようになるには、あと20年はゆうにかかるだろうと思っていたくらいでした。

しかし、その後10年も経たずに税理士業界はパソコン一色になりました。

未来を予測できれば、今は小さな会社でも必ず勝つことができます。

まず、あなたの業界の20年後の姿を予想してみてください。もちろん正確でなくてもいいのです。今起こっていることの中にそのヒントが隠れているのです。

未来につながる「小さな芽」をあなたも考えてみてください。あなたの業界の昔と今を比較し、未来を予測してみてください。

社員にあなたの考えを伝える

社員を育てるときに重要なのは、自分の考え方を正確に伝えることです。

あなたが社員に、こういう方針でこれをやってくださいと指示してもなぜかトンチンカンなことをする社員がいますよね。

知り合いの社長が社員に「売上UPを目指せ」と言ったところ、その後しばらくして「社長、利益は減りましたが、売上はUPしました」と言う社員がいたそうです。「顧客満足が大切」と言うと「採算は度外視でしたが、お客さんは喜んでくれました」と言う社員もいました。社員には社長の想いはわかりませんし、推測もしません。社長の言葉だけをそのまま実行する社員もいるのです。

「ダメだろ、それ」と言うと「社長が何を考えているのかわからない。自分がやれって言ったくせに」となるわけです。

こういうことがなぜ起こるかというと社長が評価することとしないことを明確にしていないからです。

・こういう行為は評価する
・こういうものは頑張ったとしても評価しない

これをきちんと社員に伝えます。

何も社員マニュアルとかすごいものではなく、簡単なものでいいのです。

「社長が評価すること一覧、評価しないこと一覧」など、こんなものでもあるとないとではまったく社員の行動が違います。

強力なエンジンを積んでいる人を雇う

時代の転換期にある現代はブルーカラーからホワイトカラー、つまり作業労働から知識労働へと大きくシフトしてきています。

経営も昔のように、みんなの力を結集して頑張れば勝てるという時代ではなくなってきました。もちろん会社の経営もこの時代の潮流に逆らうことはできません。ですから人を雇うときには頭のよい人を採用すべきだと思います。

なるほど、では有名大学の人を雇おう。ちょっと待ってください。

ここで言う「頭のよい人」とは学歴ではありません。

入試では一般的に考える力よりも、記憶力のよい人が合格します。記憶力が不要とは言いませんが、仕事ができるということと記憶力はイコールにはなりません。

頭のよい人とは「様々なものに興味を持ち、常に自己変革しなければと、もがき苦しんでいるような人」です。こういう人は指示待ちではなく、自発的にすばらしい方法を考え、会社をぐんぐん伸ばしていく可能性があります。

ただ、こういう人はネガティブだったり、人付き合いがうまくないかもしれません。協調性やポジティブな態度が重視される日本では面接で落とされることも多い気がします。

大企業ならばすべてにパーフェクトな人を採用できるかもしれませんが、中小企業はこうしたマイナス面を持ちながら頑張る人を採用すべきです。

会社の経営は、今や「頭の戦争」です。

明らかに性格が破綻していると思われる場合は別として、採用するときはまず、頭のよい人を優先すべきです。

実際のところ、採用する前は、どんな人間か本当の性格はなかなかわかりません。

どのみち、人なんて採用してみないとわからないんですから、あれこれ考えるのは無駄です。

たとえば、あなたが監督になり、地元でサッカーチームをつくることになったとします。市の広報誌に頼んで選手を募集したところ、サッカーをやったことがない人たちが１００人集まりました。この中から11人を選ばなければなりません。

さて、あなたならどういう人を選びますか？

当然、走らせてみて足の速い人とか、ボールを蹴らせてみて遠くまで飛ばせる人とかを優先して選びますよね。

――鍛えれば伸びるのか？

では、あなたは今まで、会社の社員として、どういう人を採用してきましたか？

人柄がよくて笑顔のすてきな人とか協調性のある人、そういう人ばかり選んできたんじゃありませんか？

チームで戦うという点では、会社同士の競争も、サッカーの試合も同じはずです。一般的に、サッカーチームの場合は実力や素質でチームづくりをするのに、会社チームでは、みんなと一緒にうまくやっていける人を採用する傾向があります。もちろん、私も人付き合いの悪そうな人より、仲よくやっていけそうな人を選びます。暗い人より明るい人を選びます。能力がまったく同じなら当然のことです。

でも、それはあくまで性格であって、能力ではありません。先ほどのサッカーチームの話と同様に、能力が少しでも高い人がいた方が会社は伸びるんです。

「鍛えれば伸びる。人間には無限の可能性がある」

こういう考え方もあります。立派な考え方だと思います。実際、多くの社長は、鍛えればどんな社員でも伸びるとおっしゃいます。

しかし、残念ながらそれは難しいでしょう。人間にはそもそも「素質」というものがあります。身もふたもない言い方になりますが、そういうものがない人に、何を期待しても何をやらせても、結局は無駄になることが多いのです。

私は小学校の通知表で体育の評価が、いつも「2」でした。休んでいたわけでもなく、全力で頑張りました。

ただ残念ながら、跳び箱を初めて跳べたのが4年生のとき。先生がクラスのみんなを集めて「ついに井上くんが跳び箱4段、跳べました」とほめ、拍手までしてくれました。そして、その学期はついに念願の「3」を獲得。

しかし、頑張って頑張って、やっとたどり着いたのが「普通」評価の「3」です。子ども心にも、複雑な心境でした。もちろん、クラスで運動神経のいい「5」の奴には、まるで歯がたちませんでした。笑顔がすてきだからという理由で「5」をくれる先生ならよかったんですけどね。なにしろ笑顔には自信がありましたから……。

――スゴイ人は雇えない

私は今まで「スゴイ」という人にはほとんど会ったことがありません。大手のコンサルティング会社のコンサルタントも「ふーん」というレベルでしたし、大企業の社長も大手銀行の取締役もたいしたことはありませんでした。たぶんそもそもスゴイ人なんていないんだと思います。

大企業の経営者や銀行の役員ですらそのレベルですから、社員でスゴイ人を雇うことは大変難しいと思います。新卒ならまだしも中途採用の社員にスゴイ人を求めることはナンセンスな気がします。

中途採用する場合に気をつけていただきたいのは、いわゆる「おみやげ」を持っているスゴイ人です。

「前職で銀行に勤めていて中小企業の社長をたくさん知っています」

「証券会社にいたので富裕層の人なら任せてください」

こういう人の「おみやげ」は、はっきり言って期待しない方がよいと思います。十中八九、実現しません。たいていおみやげの箱の中身はカラッポです。

期待から失望に至るまでには、だいたい次のような経過をたどります。

「こういう人たちをよく知っている」

「実は、こういう売上がある。この売上を貴社への手みやげにして入社したい」

スゴイ人はこういった類のことを口にします。そして、鳴り物入りで入社。もちろん給与も高く社長からの信頼も厚い。

ところが、しばらくたっても全然売上が上がらない。社長は「どうなっているんだ」と彼に質問します。

すると彼は「今はまだ、挨拶に行っている最中です。しばらくお待ちください」と答えます。

それから数カ月、まったく売上は上がりません。それでも彼は「ちょっと時間はかかりますが、大丈夫です。来月から契約すると内諾ももらいました」と、いかにも勝算ありげです。

そしてまた数カ月、やはり売上はゼロのままです。そして、その後もずーっと……。

就職したいわけですから、自分をよく思ってもらいたいということはわかります。それに、初めからウソをつくつもりもなかったのだと思います。おそらく、彼は自信たっぷりで入社してきたはずです。

「前の会社で培った俺の人脈を活かせば軽い軽い！」

そして数カ月後、前職で懇意にしていた人から冷たくされたり、力を貸すよと言っていた人の態度が急によそよそしくなったりします。彼は心の中で「そんなバカな。あれほど仲がよかったのに」と焦っているのです。

会社が変われば、同じものでも今まで通りには売れません。それが会社だけでなく、売るものまで変わってしまったら、まったくのゼロからスタートするようなものです。ですから、まず売れません。彼の今までの経験とは「会社が同じで売るものが同じだったときに活かせる経験」なのです。

また、「昔、会社をやっていた」「社長をやっていた」という人が倒産し、社員としてあなたの会社に入ってくるというケースもあります。あなたはつい「社長までやっていた人なんだから、経営者の心がわかる人に違いない」なんて勝手に思い込み雇ってしまうわけです。

しかし、それは違います。善意の誤解から生じた過大評価です。ダメな人だったから、会社がダメになったのです。あなたの会社に入ったからといって、ダメぶりが変わるわけではありません。ダメな奴は、何をやってもダメなんです。

たしかに、アメリカでは、一度会社をつぶした経営者が、再びチャンスをつかんで這い上がってくるという話は珍しくないようです。ただ、それはあくまで経営者として復活するということであって、会社員として復活するわけではありません。

まあ、偉そうなことを言いましたが、私も実はこういう経験をいくらもしてきました。結局そんなスゴイ人が今の会社を辞めてあなたの会社に来るなんていうことはないのです。そんなにスゴイ人なら今いる会社での待遇もいいでしょうし、そこの会社の社長も手放したりしませんよね。

すばらしい能力を持った人は、何か特別な理由がない限り、今の会社に勤め続けるか、それなりの大企業に行くのが普通なのです。むしろあなたの会社に似つかわしくない高学歴の人やスゴイ人が面接に来た場合には、何か変な問題を抱えている場合もありますので、注意が必要だと思います。

中小企業はスゴイ人を採用するのではなく、「普通よりちょっとだけ頭のよい人」をいかに採用するかを考えた方がいいと思います。

社長が自ら売ったら売上は伸びない

仮に、ＨＩＳの澤田秀雄氏（創業者）が窓口で航空券を売れば、おそらくたくさん売れるはずです。また、ソフトバンクの孫正義氏が、スマートフォンを１台でも多く売るためにショップの前に立って営業したら、やはりたくさん売れるでしょう。なんといっても普通の社員やキャンペーンの子とは気迫が違います。

では、社員よりも多く売れる社長が、営業の最前線で頑張れば、「最終的にたくさん売れる」のでしょうか。

そうではありません。逆なんです。「社長が売るよりも社員が売った方が、結局はたくさん売れる」から、社長は売ってはダメなんです。

ある会社のお話です。わかりやすく、営業マンひとり当たりの売上が、月平均

100万円だとします。それに対し、社長は通常の営業マンの10倍売る人だとします。社長はスゴイ人なので、社員はみな社長を尊敬しています。なんといっても自分たちの10倍も売るわけですから、営業の神様のような存在です。

しかし、その会社はあまり伸びませんでした。

目標が月に2000万円くらいのときまでは、毎月売上目標を達成し順調でした。あまり営業マンが売れない月には、社長がひとりで頑張って売ってきましたが、目標が3000万円、4000万円となっていくにつれ、だんだん達成できない月が増えてきました。

社長がいくらスゴイやり手で、営業力、契約力があっても、やはりひとりでは限界があるのです。言い方を換えれば、会社というのは、社長の限界を超えるためにあるのです。

たしかに、営業マンひとりひとりは、社長の何分の一かの力しかありません。しかし、社長ひとりがいくら頑張っても、100倍は売れませんが、100人を雇うことはできます。

一人前の社員に育てる

設立当初、会社が小さいとき、社長は社員に任せるのが不安なため、とにかく自分で仕事をとってきて作業だけを社員にやらせます。朝から晩までとにかく忙しい。これは正しいと思います。設立当初の会社というのは社長の力がすべてです。

しかし、ある程度の規模の会社になっても社員に仕事を任せようとしない社長がいます。任せるのが不安なんです。だから常に、先頭に立って社員と同じ仕事をしようとします。

会社がある程度の規模になったら、次に社長がするべきことは、個々のお客さんを担当することではなく、部下を育てる、やる気にさせるための仕事なのです。

昔、私は大きな売上を上げたときには「どうだみんな、俺はスゴイだろう」なんて社員に自慢したりしていました。

まったく恥ずかしい話です。

社員は「よしっ、社長がそこまで頑張るなら、私も頑張らなくては」と考えると思っていました。

しかし、現実は逆でした。「なんだ。じゃあ、私たちが頑張らなくても、社長に任せておけば大丈夫なんだ」ということになってしまいました。社員が大きな契約をとってくると「俺の方がすごい」と言いたいために、会社経営の仕事をそっちのけで営業していたこともあります。社長のくせに売れる社員に嫉妬してしまったのです。

日々そんなことをしていましたから全然、会社が大きくなりませんでした。人が辞めても「また雇えばいいや。人間なんてたいした差はない」と考えていました。だからいつまで経っても会社は足踏み状態でした。

私のようなことにならないように、社員を育てるということを常に頭に入れて会社経営を行っていただきたいと思います。

成功する社長にはタイプがある

第1章で「成功する方法に従っても成功はない」と書きました。これは間違っていません。ただ成功する社長の性格には共通点があるような気がします。まずは、成功する人としない人ではどこが違うのかを見ていきましょう。

――「成功する人としない人の違い」の前に

よくあの人は成功したとかダメだったとか語る人がいますが、そもそも成功とは何かを考えてみたことはありますか。外から見るとお金持ちになった人や会社が大きくなった人、有名な人を成功者と言うようです。

ところが、当の本人は成功したという感覚がありません。私も「井上さんは頑張ったから成功したんだね」とよく言われますが、まったくピンと来ません。ＩＴ企業を経営する私にとっての成功者とはマイクロソフトのビル・ゲイツとかアップルのスティーブ・ジョブズのような人です。

このように成功という言葉は、とらえる人によりかなり異なるものです。

では成功する人としない人の違いを語る前に、そもそも成功とは何なのかを考えてみましょう。

――あなたの「目的」は何なのか？

世のコンサルタントの先生方は、いろんな言葉で絶え間なく私たちに刺激を与えて（煙に巻いて？）くれますが、それらの中から代表的なフレーズをかいつまんで拾い出してみると次の通りに集約されます。

「戦略を決めてから戦術を考えなければならない」

「目標に向かって戦略を練るべきだ」

「経営には理念、ビジョン、ミッションがなければならない」

その要点を私なりの考えで整理してみます。上位から並べてみますと、次のようになるでしょう。

(1) 目標……成し遂げようとする目当て
(2) 戦略……長期的・全体的な展望に立った計画
(3) 戦術……具体的に遂行するための方法・手段

ただ、私はこの辺りのことについて、実はあまり興味がありません。何が「戦略」で、何が「戦術」かといったことは、言葉遊びにすぎませんし、「理念」というのも何やら曖昧なものです。

私がここで言いたいのは、目標よりも「上」のことです。

「えっ、目標以上のものってあるの?」という声が聞こえてきそうですが、あるんです。

それは「目的」です。「どうして社長をやっているのか、何の目的のためにやっているのか」といった使い方になると思います。強いて言えば「理念」に似ていますが、「目的」はもっと具体的なものです。

・目的を達成するために、目標を決める
・目標を達成するために、戦略を決め、戦術を決める……

ですから会社経営で一番初めに考えなければならないのが、最終的にどうしたいのかという目的を明確にすることです。

「気恥ずかしい、とても人前では言えない」と思ったら、マニフェストではないのですから、周りには黙っていればいいのです。要は本音であることが大事なのです。

そして「目的」と「目標」、「戦略」と「戦術」は、ピシッと1本でつながっていなければなりません。1本につながらない仕事は、何だか居心地が悪いものです。

みなさんは「これって何か違うなぁ」「やり遂げたのに達成感がないなぁ」と思ったことはありませんか。その場合は「目的」のための行動になっていない可能性があるのです。

――目的と仕事の中身が違う

私の知り合いで、「技術と人格に優れた歯科医が、経営に煩わされることなくよい医療に専念できるようにするため、広く患者さんを集める手助けをする」というビジョン（目的）を掲げて、歯科医の増客、集客を行うコンサルティング会社を始めた社長がいます。

これはすばらしいことだと思いましたが、ちょっと意地悪な質問をしてみました。

「人格的に少し問題がある歯科医から集客をお願いされたらどうするんですか」

すると、社長はこう答えました。

「金額が安ければ断るけど、高ければやるかな～。お金がなくなったら商売できないし」

何となくわかると思いますが、この社長の言う目的は本音ではないんですね。

「そうは言っても、その人の気持ちはわかるよ。誰だってそうだよね」

こういう声も聞こえてきそうです。そう、この社長が悪いわけではありません。社長は本当によい歯科医療を世の中に広めたいと思っています。ただ、目的が違っているのです。


目的は崇高なものでなくてもいいのです。

ここで大事なのは、本音で目的を決めることです。そうでないと、会社として何をすべきで、何をすべきではないのか、という基本的なところでブレが生じるということです。

「頑張っているのに何か閉塞感がある」

「達成したのに高揚感がない」

こういうふうに感じている社長は、失礼ながら、たぶん目的がブレているか、目的を決めていないのです。

なぜこんなことを書いたのかというと、会社を経営しているといろいろな経営者に会うわけですが、この「目的がない人」が結構多いからです。

「やりたいことはなく、やりたくないことはたくさんある」というダメ経営者の典型的な方々です。ただ、こういう社長は悲しいかな、日本の老舗企業にはたくさんいるわけです。

――アルバイトをしても目的にはたどり着かない

成功するために一所懸命頑張っている社長が、実はいつの間にか回り道をしてしまっている場合があります。東京から大阪に行くという目的のために仙台に行ったり、福岡に行ってしまうのです。

「そんなバカなことが！」と思われるかもしれませんが、これはよくある話です。ただはっきりとした自覚症状がないために、なかなか自分では気づきません。実は、私自身もたまにこの回り道を歩いてしまいます。

さて、どういうことを言っているのかというと「単にお金を稼ぐための多角経営」をしてしまっているということです。

今の事業がうまくいかないために、多角経営という罠にはまり込み、さらに窮地に立たされる社長を私はたくさん見てきました。

たとえばある商品で日本一になりたいという社長がいるとします。しかし、そのためにお金が必要だということで、「多角経営」というお題目でまったく違うカテゴリーの商品を売ったり、他社の販売代理店になったりしてお金を稼ぎます。こういうビジネスはそこそこお金にはなりますが、本来の目的からは遠のきます。

こういう回り道のお金儲け、アルバイトのビジネスは前述した「自分の目的」とは異なりますから、真剣になれません。

また、そのビジネスで培われた人間関係も最終的には必要のない人脈です。だから大切にもしません。

「ミュージシャンになるためにコンビニでアルバイトをする」

こういう感覚ではないでしょうか。

もし多角経営をするのであれば、今のビジネスと近いところで行うべきです。そうすれば違う角度からのノウハウが貯まることもありますし、人脈も将来活かせるかもしれません。たいていの場合、かけ離れた多角経営はほとんどが失敗しています。

――成功はエゴとの戦い　伸びる頑固と伸びない頑固

社長業を長くやっていると、少しお話をしただけで、伸びる人か伸びない人、つまり成功するかしないかが何となくわかります。

「頭もよく、人に優しくて、さらに行動力もある。でも伸びない……」

こういう人には共通点があります。

ある社長から自社の商品が売れないのでアドバイスをしてくださいと言われ「この部分はこうしてみたらいかがですか」とお話をしました。社長は、「なるほど、そうですか。すごく参考になりました」とおっしゃって帰られました。

その後しばらく経って、その社長に改めてお会いしてみると、まったく前とやっているることが変わっていません。

そうです。頑固なんです。

何も頑固が悪いと言っているわけではありません。「頑固」は厳密に言うと「目的への頑固」と「手段への頑固」の2種類があります。そのまま「成功する頑固」と「成功しない頑固」と言い換えてもいいでしょう。

たとえば、和菓子屋さんを例にとると、次の2つに分けることができます。

目的への頑固……お客さんが喜ぶ和菓子を追求し、美味しいものをもっともっと創作し作り続ける頑固さ

手段への頑固……伝統を守り抜き、昔からの製法を忠実に行う頑固さ

前に、ある上場企業の部長から「新しくアイデア商品を作ったので、売り方を事業部の課長にレクチャーしてくれ」と頼まれたことがあります。

そこで課長に、これこれはこう販売した方がよい、広告はこうした方がよいとアドバイスを行いました。しばらくして事業部の社員と会うことがありお話ししてみると全然売れていませんとのこと。

私は自信があったのでショックでした。なぜうまくいかないのかがわからず、課長が作った販売プランを見せてもらいました。

すると課長のプランに私の提案はどこにも入っていないのです。部下の社員いわく「課長は自分がやりたい方法しか頭になく、人の言うことには耳を貸さない」ということでした。お話ししたときには参考になりましたとおっしゃっていましたが、文字通り、参考としてお話を聞いただけのようです。

結局、全然売れずに1年後に事業部は解体、事業部の人たちは様々な部署に飛ばされました。課長は新しい部署で何事もなかったかのように働いています。たぶん彼は自分の責任だとは微塵も思っていないでしょう。やれることはすべてやった、と。

成功しない人はとにかく「手段」に固執します。自分が考えた方法へのこだわりが強く、それ以外は受け付けない、やりたくないというタイプです。

「お客さんは欲しいけど、駅前でチラシなんて配るのは自分の流儀に反する」

「よい方法だとは思うけれど、私はこの方法でしかやらない」

こういう手段にこだわる人はまず成功しません。

伸びる人はみな、手段に対して非常に素直です。「なるほど、じゃその方法を試してみよう」といった感じで、手段への柔軟さが際立っています。

昔、そうした柔軟派の代表のような社長に「素直に行動に移されますね」と訊ねたところ、「自分は頭がよくないので、いろいろな人の話や経験を聞いて参考にしているんです」と言っていました。その言葉を聞いて、頭のよい人だなと感心しました。

成功する人はとにかく素直でまっすぐな人が多い気がします。みなさんも目的には頑固に、手段には柔軟に対応してみたらいかがでしょうか?

死ぬほど仕事をすれば活路はある

ひとつの事例として私自身の話をします。前職を辞めて会社をつくったときは、今のようにクラウドシステムメーカーになるとは夢にも思ってはいませんでした。

前職はオフコンメーカーに勤めていたため、設立当時はとりあえず日銭を稼ぐため、毎日ひとりでオフコン用のフロッピーディスクやトナーを売り歩いていました。

はじめは、前職で知り合ったみなさんの好意でそこそこ売れましたが、得意先が限られているので、利益はたかが知れています。そんな状態でも当時は、そのうち自然に儲かるようになるだろうと思っていました。

しかし、何カ月経っても、売れるような兆候はまったく表れません。さすがに焦りました。「知り合いばかりに売っていても、らちが明かない」と一念発起し、ＤＭを出して宣伝することにしました。

思い立ったらすぐ行動するのが、私の流儀です。

さっそく封筒を買ってきて、次に版下用のチラシを1枚だけ作り、夜中にコンビニのコピー機で複写しました。さらにそれから1週間かけて封筒にチラシを封入し、住所のタックシールを貼り、DMを1000通出しました。

DMを出した次の日、電話機を部屋の真ん中において電話が鳴るのを待ちました。

しかし、1日待っても電話は鳴りません。

「まぁ、まだ届いていないか。明日かな……」

そう自分に言い聞かせて就寝。

ところが、2日目も電話は沈黙したままでした。そして3日目も……。

「おかしいな、電話が壊れているのかなぁ。こっちからはかけられるけど、着信はできないとか……これは試してみなくては」

ぶつぶつ独り言をつぶやきながら、友人や後輩たちの顔を思い浮かべました。しかし、昼間なのでみな仕事中です。やむなく実家の母親に電話。

「もしもし、俺のところに電話してみてくれない。電話の調子がよくないんだ」

1分後、電話が鳴りました。

「おかあさんだけど、聞こえる?」

結局、1週間で3本の電話があり、数箱分のフロッピーが売れました。むろん、大赤字です。

「おかしいな、きちんとしたメーカー品だし、しかも価格は市価の半分なのになぁ。そうか、この間のDMは封筒だったから、開封しないで捨てちゃった人が多かったんだ。はがきでDMを出せば内容がすぐわかるし、捨てるときでもチラッとは見るはずだ」

私は最初のDM作戦の失敗をそう分析して、はがきに切り替えてみることにしました。数は前回と同じ1000通。封筒と違い、はがきDMは印刷するだけなので、3日で作業が完了し投函することができました。

そして1週間。今度も売れたのは3件。しかも、その中には、前の封筒入りDMを見て連絡してきてくれた社長が2件含まれていました。つまり、はがきDMで注文してくれた会社は、たったの1件という惨たんたる結果だったのです。

DM作戦で失敗した私は、最後には切手を買うお金もなくなりました。そこで原付バイクに乗ってチラシを届けることにしました。夜中の12時すぎまで会社のルーチンワークをしてから、そそくさと夕飯を食べ、交通量の少ない午前1時から3時までが、チラシの配達です。

最初、チラシはポストに入れました。しかし、ほとんど反応がありません。そこで、次は会社の扉に直接立てかけることにしました。今から考えると不法侵入です。犬にほえられ、防犯ライトに照らされ、それでもガンバリ続けました。他に何をやったらよいかわからなかったからです。

午前9時に起きて仕事を開始し、午前3時に寝るという1日18時間労働です。これを3年間、夏の日も冬の日も毎日欠かさずやりました。

では、そこまでしてどれだけ儲かったのかと言いますと、社長である私の年収は3年間ずっと、180万円でした。

ある日、ノリ弁当すらも買えなくなってしまい、私は弁当を諦め、肉屋さんで1個80円のコロッケを2つ買い、とぼとぼと仕事場兼用のアパートに帰りました。

狭い部屋の中で、冷たくなったコロッケを食べながら「どうして30歳もすぎて、ノリ弁当ひとつ買えない人になってしまったんだろう」と悲しくなりました。

そのとき、決意したことは「とにかく、やれることは全部やろう。可能性が少しでもあるなら、お金がかからないで努力でできることは何でもやろう。死ぬまで働こう」ということでした。当時は祖父の葬式にも出ませんでした。仕事が忙しかったわけではなく、仕事をしていない自分が怖かったからです。

私の知り合いの社長で、たったひとりの社員とふたりきりでパソコンを作っている人がいました。

あるとき、なけなしのお金で雑誌に広告を出しました。ところが電話番号を間違ってしまいました。なんとその電話番号は、やくざの会社の電話番号だったのです。彼はやくざの会社に連れて行かれてボコボコに殴られ、迷惑代を払えと詰め寄られました。

しかし、彼は絶対にお金は払わないと頑張り通し、数時間後に会社から解放されました。彼は今、東証グロース市場へ上場しています。

成功するための3つの貯金

起業してもスグに成功をおさめられる人はほんのわずかです。では、長く会社経営をしていればいつか成功するのかというと、そうでもありません。30年前にお会いしたときに社員2名だった会社があります。現在その会社の社員は何人になっているかというと今も2名のままです。

会社経営で成功するために必要なことは多々ありますが、重要なのが「信用」「知識」「お金」です。成功している人は必ずこの3つの貯金をしています。

――貯金① 「信用」の貯金

昔から言われている経営者の格言があります。それは「信用第一」という言葉です。

これは会社経営の本当に基本中の基本です。

しかし、これを守れない経営者は枚挙にいとまがありません。

・信用を失ってでもお金を選んでしまう
・自分が得することを選択する

こういう経営者はまず成功はしません。


たとえば、ある会社に商品を販売したとします。しかしいつまで経ってもお金が振り込まれてきません。連絡すると「すみません、忘れていました」と言われます。その後もこういうことが何度も続いたとします。

こういう会社とあなたは、ずっと取引しますか？

これが信用の基本です。

会社経営にお金はなくてはならないもので、お金が重要なことは誰でも理解しているのですが、信用は結構ないがしろにされている気がします。社長自らが約束したくせに、後から「ごめんなさい、できません」という人もたくさんいます。いつも約束を破る人が、ある日「お金を貸してください」とあなたの前にやって来ても、お金を貸さないですよね。

一方で、いつもきちんと仕事をしている人がたまたまミスをして謝りに来たとき、あなたは怒りませんよね。

信用とはそういうものなんです。信用は積立保険みたいなものです。なかなかすぐには貯まりません。ですから少しずつこつこつと信頼される行動をとり、信用を積み立てていくことが必要です。

逆に約束を守らない人、信用できない人との仕事は用心しなければなりません。こういう人は、自分が困ると他人にババをひかせるタイプの人が多いのです。いつも自社の利益だけしか考えていない社長や都合の悪いことは人に押し付けるような社長から「是非、当社と提携しましょう」と持ちかけられても、信用できませんよね。私は起業する人に、「会社経営はお金の貯金と信用の貯金はどちらも同じくらい大切です」といつもお話ししています。

自社の話ですが、30年以上の会社経営の中で、お金を期限までに支払えなかったことが一度だけあります。だいぶ昔の話ですが、当社の発注ミスで８００万円も余分に仕入れてしまいました。それが発覚したのは支払日の前日です。私は、先方の会社の社長に、「申し訳ありません。明日、支払日ですがお金がないので支払えません」と連絡しました。

すると、「えっ、それは困ります。なんとかならないんですか」と言われ、こんなやりとりが続きました。

「お金がないのでどうにもなりません」
「ではいつ支払ってもらえますか」
「10日待ってください。必ず支払います」

こういうときに信用が試されます。支払日になってもお金を払えないことを連絡せずに黙っている人、値引き交渉する人は信用を失います。もちろん自分が新たに提示した日にちに支払えない人は論外です。お金の貯金は増えたり減ったりしますが、信用の貯金は一度とり崩すと二度と信用が戻ることはありません。

信用のひとつとして「人に好かれる」ということも重要です。急成長した若い企業のトップが突然失脚したというニュースをたまに見ますが、私の知る限り、あまり人に好かれていない人が多いようです。いろいろな人たちからその人の悪口を聞きます。成功者へのやっかみもあるとは思いますが、エピソードを聞くとそりゃひどいという話は枚挙にいとまがありません。

ビジネスはマラソンです。長期的に考えなければなりません。誰かにトランプのババを渡しても、短期的には成功するかもしれませんが、最終的にババはあなたの元へ戻ってきます。

ひどい目にあわされた人は「何かあったら仕返ししてやろう」と思っています。たぶんこういう人たちが成功者を地の底へ引きずりおろすのだと思います。

不思議なことなのですが、成功すればするほど世界はなぜか狭くなってきます。初対面の社長に、何人かその業界の人の名前を挙げると、たいていひとりふたりは共通の友人がいます。今、私は会いたい人がいた場合、ふたりほど経由すればたぶん誰にでも会うことができると思います。前職でただの営業マンだった頃には考えてもみなかったことです。

長く社長をやればやるほど、知り合いの知り合いは知り合いといったように、世界がどんどん狭くなっていきます。だからよい評判も悪い評判も一気に広がります。ですから自分だけ儲かれば、他の人はどうでもよいといった天に唾を吐く行為は最終的に自滅行為につながります。

また信用は信用を呼びます。誰か人を紹介するときにあなたはウソつきやいいかげんな人を紹介しませんよね。もしそういう人を紹介したらあなたの信用はがた落ちになってしまいます。信用できる人を紹介して、その人がきちんと仕事をすることであなたの信用はさらにアップします。

先ほど信用は積立保険と書きました。あなたにたくさんの信用があれば何か困ったことがあっても必ずどこからか助け船はやって来ます。

――貯金②「知識」の貯金

私は会社を設立してから現在までに、数千冊の本を読んできました。主に経済や経営、マーケティングを中心にして読み、その周辺知識として日本を動かしている大きな流れ、銀行、郵便局、農協、宗教について学びました。

また、日本人に不足している世界史の知識も、国際社会を理解する上で必要だと感じて学びました。

こう書くと、いかにも私が勉強家のように聞こえるかもしれませんが、そういうわけではありません。20代の頃は、小説や雑誌以外の本はほとんど読んでいませんでしたし、マーケティング関連の本は「どうせノウハウ本なんて」とバカにしていたくらいです。

仕事については前述した通り、休みも一切とらず、1日18時間ずっと働き続けました。でも全然儲かりません。

そんなとき、ふとこんな疑問が浮かび上がってきました。

「成功した経営者は、いったいどんな手法を採ったのだろう。どんな思想や哲学を持っていたのだろう」

そこで、とにかく先人たちの知恵を借りようということで飛び込んだのが、近所の市立図書館でした。

ところが、図書館に行っても、何から読んだらいいかまるで見当がつきません。仕方なく、名前を知っている人の本を読むことに決め、本田宗一郎の本を借りました。

1日で読み終わり、また図書館へ……。これを繰り返しているうちに、自分でもびっくりするほど、どんどん経済や経営の知識が身についていきました。

同時に、30歳をすぎて何も知らなかった自分が、とても恥ずかしくなりました。また、様々な本を読み進めるうちに「そうか、あのときダメだったのは偶然じゃなかったんだな」ということもわかってきました。

「知恵や才能はDNAで決まっている。経験を積むためには時間がかかる。今、自分の力で確実にできることは、たったひとつ。いかにたくさんの知識を得るかということしかない」

そう腹を決めて、図書館に通い続けました。そうこうしているうちに、いつの間にか月に20冊以上のペースで本を読むようになっていました。この乱読のおかげで、今では1冊読むのに2時間もあれば足りるようになりました。

これからのビジネスは知能戦です。

頭のよさを変えることはできませんが、知識は努力でどうにかなります。知識がないとチャンスが来てもチャンスを捕まえられません。いやチャンスが来たということにさえ気づかないかもしれません。

私がもしこのとき、本をたくさん読んでいなかったら、たぶん今、会社を経営していることもありませんし、この本を書いていることもないでしょう。

とにかく本を読み、知識をたくさん蓄えておくことは経営者として必須です。

――貯金③「ストック収入」という貯金

会社の売上には、ストックとフローというものがあります。ストックとは定期的に入ってくるお金、売上のことです。フローは簡単に言うと、その場限り一回限りの売上のことです。

フロー型の会社は、行動がすぐに売上に直結する反面、景気や経済変動、消費動向にかなり左右されるのが特徴です。

一方、ストック型の会社は、毎月、定期的にお金が入ってくるものの、売上を急激に増やすことが難しいのが特徴です。

たとえばストック型の会社の売上は、サーバやスマホ代なら毎月の通信料金、税理士は顧問料、水道局は基本料金です。こうしたストック型の会社は、毎月ちゃりちゃりと小銭が入ってくるので安定性が高い会社と言えます。

ただし、ストック型の会社は、大手企業や特殊なスキルを持っていない限り、会社が安定するまでに時間がかかりすぎます。成功するまでに資金がショートし、会社が倒産してしまうかもしれません。赤字で会社はなくなりませんが、お金がなくなったら会社は終わりです。1年後の1億円より明日の100万円が重要なこともあります。フロー型の会社ならば、何かのきっかけで一発逆転が可能ですが、ストック型の会社はよほど潤沢な資金がない限り、失敗したら後がありません。

経営者は何回もお金に困ったことがあるという苦い経験からフロー型よりストック型を目指す方が多いように思えます。

ただ会社が小さいのにストック型を目指し、いきなり初期費用無料、月額1000円といった商売をする方がいますが、これはすでに体力がある大手企業しかできないビジネスです。

ですから、小さい会社や起業したての会社は迷わずフロー型の会社を目指しましょう。お客さんやユーザーが増えてきたときにストック型の会社を目指しても遅くはありません。

では、問題です。ある程度の年数が経った中小企業はストック型、フロー型どちらを目指したらよいのでしょうか？

ゴメンナサイ。ちょっとずるいですが、どちらでもありません。

答えは、ストック&フロー型、つまり「どちらも同時に行う」ということです。

私の会社も起業したての頃はフロー型の会社でした。しかし毎月、お金がちゃりちゃりと入ってくるストック型の会社がうらやましかったため、何度もストック型の会社にビジネスを転換しようとしました。

お客さんが増えていき収益はじわりじわりと上がっていくのですが、ひとつひとつの粗利が少ないため、結局は失敗に終わってしまいました。会社の現金がどんどんなくなりじり貧になっていったのです。

そして結局、フロー型に逆戻りしました。

こういうことを何度も繰り返していくうちに、会社経営というのはどうもストックでもフローでもないんだということに気づきました。

どちらを選ぶというのではなく、顧客に売りながらサポートで地道に稼ぐ、つまりフローで売りながらストックを増やしていくということが成功する秘訣なんだと気づきました。

では、ストックとフローを併せ持つ会社とは、具体的にどんな会社かというとキヤノンやリコーのような会社です。

両社はコピー機の販売によるフロー収入とカウンター料金というストック収入の両建てで商売を行っています。会社を存続させるためのフローの売上と会社を安定させるためのストックの売上が絶妙です。地道に、ゆっくりと「稼ぎながら着実に積み上げていく」、これが重要です。

またストックにはいろいろな形があります。保守料金、月額利用料など毎月入ってくるものだけがストックではありません。つまりどういう形であれ定期的に購入しなければならないもの、なくなると注文せざるを得ない消耗品、これらはすべてストックです。

私はこれを「結果的ストック」と呼んでいます。プリンター会社のトナーやインク、浄水器のカートリッジなど継続的に買い続けなければならないもの、ストックになるものはたくさんあります。

フローで稼ぎながらストックをどんどん積み上げていくということが会社繁栄のカギだと思います。

成功する人が持っている5つの資質

——資質① 自分を律することができる

私の知り合いで成功している社長は自分に対してケチな人が多い気がします。わかりやすく言うと、社員やお客さん、取引先などには寿司をおごっても自分はチェーン店の牛丼を食べているといったタイプです。

このことを成功している社長たちにお話しすると「言われてみれば、たしかにそうかもしれないな」と共感いただくケースが多いのです。

ある社長は、社員には数万円のものをポンと買ってあげる反面、自分のものはどうかというと、「パソコンショップでマウスが1000円。店頭で買おうかどうしようか、ずっと悩んでしまった」と言っていました。

逆に成功しない社長は人にケチです。社員の給与をいかに引き下げるか、取引先にゴネて支払い額を下げるといったことをいつも考えています。売掛金が回収できなかったからと言って、その会社を担当していた社員の給与から違法に天引きし、裁判を起こされている社長もいました。反面、自分には大盤振る舞いで社内にワインセラーを持っています。

また、ベンチャーキャピタルから預かったお金で自分の家を買ったり、不況だからと言って社員のボーナスをカットし外車を買ったとんでもない社長もいます。もちろんこういう会社は、遅かれ早かれ倒産してしまうのですが、チャッカリと自分の資産だけは確保している社長もいて恐れ入る次第です。

昔、経営計画のシステムの作成を依頼され、私は会社が利益を最大限に伸ばすことができるシミュレーションシステムを設計しました。しかし、依頼先の社長からこう言われました。

「社長というのは自分の資産を増やすために会社を経営しているんだ。だから会社よりも社長自身が節税できて資産が増えるシステムを製作してくれ。君だって自分のお金を増やすために会社を経営しているんだろ」

こういう人のシステムを作る気にはなれませんでしたので、開発から降ろさせていただきました。

自分のお金を増やすことを否定はしませんが、成功する社長は、会社を大きくすることでお金を増やそうとします。成功しない社長は、会社を隠れ蓑にして自分のお金を増やそうとします。

社長というのは王様です。社内では何でもできるわけです。中小企業なら、給与だって勝手に決められます。車を会社のお金で買っても文句を言う人はいません。お金だけではありません。自分が嫌な奴はクビにできますし、左遷することもできます。

社長として成功するための最低条件は自分を律する心があることだと思います。

——資質②　決断が速い

成功している社長はとにかく決断が速い。「それいいですね、じゃやりましょう。いつからやりますか」となります。もっとすごい社長になるとその場で社員に電話しすぐにチームをつくり行動させます。

しかし、成功しない社長はどうかというと「うーん、そうですね。では社内に持ち帰って検討しご返答させていただきます」となります。社員ならともかく社長が社内で検討するとはいったい誰と何を検討するのでしょうか？

中小企業の場合、会議とは名ばかりでみんな特に意見はありません。社長がやろうとしていることがよっぽど突拍子もないことでない限り反対する社員はいませんし、社長がやりたいという熱意を見せればみんな賛成です。

結局、単に「返答の先送り」なのです。

ビジネスなんていうものは、やってみなければわかりません。じっくり考えたって、即断したって成功確率はたぶん五分五分。ならば他に先んじて早くやるという方が成功する確率は高まります。中小企業が唯一、大企業に勝てる点は意思決定のスピードです。

成功する社長は、素早く動くことが成功につながるということを経験的に、よく知っているのかもしれません。

――資質③　単独行動をする

成功する社長はだいたい机の前にいません。勝手にひとりで行動しています。好奇心が旺盛なため、様々なことに興味を持ち、自分で学び調べていたりします。いろいろなところにアンテナを張り巡らし、様々な人たちのところに行って話を聞いてきたりしています。なぜかというと常に今のビジネスがうまくいく方法はないか、次のビジネスにつながる新しいことはないかと探しているからです。

そしてそれはいつも単独行動です。社員と一緒ということはありません。

私はいろいろな社長と毎晩呑んでいることが多いのですが、呑みに行くときに、社員を連れて来る社長とひとりで来る社長がいます。

社員を連れて来る社長は、社員にもこの人の話を聞かせて勉強させたいということなのでしょうが、こういう社長は正直、成功しません。

まずは自分が吸収しそれを社員に伝えるべきです。

いつもひとりで来る社長は自分が勉強したい、何か仕事になりそうなことはないか、つながりそうなことはないかというタイプの人です。

余談ですが一般的な傾向として、社員を連れて来る社長は2代目社長が多く、単独行動をとる社長はベンチャー企業の社長が多い気がします。

――資質④　裏表がない

成功する社長はたいてい裏表がありません。

「これはよい話が来た。あの人には適当にウソを言っておこう。へっへっへ。これならうちだけ儲かりそうだ」

このような姑息さがありません。素直で正直、明るい人が多いと思います。まっすぐな性格の人が多いと思います。

また、喜怒哀楽が激しい人も多いです。本によく書いてあるような人を叱るときのセオリーとしてこんなのがあります。

「部下を叱るときは別室に呼び出し、プライドを傷つけないようにきちんと説明して理解してもらう」

こんなことはしません。その場でスグ怒ります。瞬間湯沸かし器です。でも怒った後はケロッとしています。

もちろん社員が契約をとってきたり、うまくいったときは心の底から「よかったなー」と一緒に喜びます。社員もそういう社長の性格がわかっているので、怒られてもくよくよしませんし、「社長が困っているなら俺たちがなんとかしようぜ」といった空気も生まれます。とにかくチマチマしない豪放磊落《ごうほうらいらく》な人が成功している社長には多い気がします。社員にとって何を考えているかわからない社長ほど怖い人はいないのです。

――資質⑤　耳の痛いことを言う社員を許容できる

昔を思い出してください。お袋さんから「ほらっ、遊んでばっかりいないで勉強しなさい」なんて怒られていましたよね。そのときにどう思いましたか？

「そうか勉強しなきゃ」とは思わなかったでしょ。

「うるせーなー、まったく」

ですよね。私もそうでした。

社長になるとこういうことを言う人がいなくなっちゃうんです。だから社長にとって会社は世の中で一番リラックスできる場所なんです。いろいろな会社に行くと、社長に心地よいことしか言わない、太鼓持ちの社員にたくさんお会いします。

ところが、成功している社長のところには「恐れながら社長、それは間違ってますよ」と言う人が必ずいるんですね。

私も昔、日債銀（現あおぞら銀行。旧日本債券信用銀行）の元取締役を雇ったことがありますが、とにかく毎日怒られます。ここがダメ、あそこがダメ、こういう組織にしろとどにかくうるさい。

「なんで給料払って毎日、怒られなきゃならないの」

こう思ったこともありましたが、彼が言っていることはなんだかんだいっても正しいわけです。私は会社を大きくするには仕方がないのかなとやりたくないこと、気が重いこともたくさんしてきました。

とはいえ今、会社があるのもこの人のおかげと言えます。こういう耳の痛いことを言う人は会社が大きくなるためには必要なんです。

社長ひとりが何でもできて間違えることもないなんていう会社はありません。成功するにはこういう人を雇うことができる「度量」が必要なんだと思います。

第3章

会社が潰れるのは、「売れないから」だけじゃない

起業して30年以上、その中で様々な会社の失敗例や倒産を見てきました。会社経営の失敗とか倒産と聞くと、どんなことを想像しますか？

「商品が売れないから？」

「利益が出ないから？」

それだけではありません。

実は会社の倒産というのは売れないとか利益が出ないという根源的なことではなく、むしろ人を介した事故「人災」が多い気がします。

ルーズな社長が経営している取引先

社長として一番不向きなのが「普通のことができない人」です。仕事もプライベートもとにかくルーズで、だらしがない。だから社長どころか、本当ならサラリーマンも務まりません。

しかも、本人には自覚症状がないので、さらにややこしいことになります。「俺はやればできる人間だ。俺ほどの人間になんでこんな仕事をやらせるんだ。よし起業して社長になって、みんなに俺の実力を見せつけてやる」なーんていう困った人です。

もちろん、起業したら人間の性格が突然変わるなんていうことはありません。

「会社の税務申告が間に合わなかった。お金の振込が遅くなっちゃった。納品期限が過ぎちゃった」

なぜこんなふうになってしまうのかというと、普通の人とは優先順位が違うからです。

今まで出会った社長の中にも、新聞に折り込み広告を入れたのに、問い合わせの電話が鳴ってもなぜか電話に出ない人、お客さんを紹介してもらったのに全然連絡をしない人もいます。理由を聞いてみると「他にやることがあったし、何かおっくうになっちゃって」と言っていました。

「えーっ、そんな社長いるの？」

そう思われたかもしれません。いやいやどうして、すごく多いんですよ。こういうだらしない人。知り合いの税理士に聞くと、こんな回答が返ってきました。

「そもそも会社をつくったけど何もやらない人、税金はおろか申告もしない人って結構いるんですよ。勢いで会社つくっちゃったけど何していいかわからなくなっちゃったというふざけた人もいました」

ルーズな人と仕事をするとあなたはあっちこっちに振り回されることになります。文句を言っても笑顔で「ごめんね。今度はちゃんとやるからさぁ」と言われ続けます。

こういう人と仕事をすると、せっかくこちらが支援しても無駄な時間とお金を使うことになりますし、納期が遅れて顧客に違約金を支払う羽目に陥るかもしれません。むろんあなたの会社の信用は地に落ちます。いくら性格がよくても仕事ができてもこういうルーズな社長と仕事をするとロクな目にはあいません。

「あっ、この社長はいいかげんな人だな、ルーズな人だな」と思ったら取引を止めるべきです。

新しい取引先には細心の注意を

第2章でもお話ししました、昔、当社に日債銀（現あおぞら銀行）の元取締役だった人がいました。彼は常日頃からこんなことを言っていました。

「取引先の信用調査を念入りにやりなさい、場合によってはその会社の近所に行って評判を聞いてくることも重要だ」

それに対し、私はこのように返していました。

「うちみたいに小さな会社がそんな面倒なことをやってたら、お金も時間もかかるからムリですよ、倒産しちゃいますよ」

経験値を得た今となっては、彼の言っていたことがよくわかります。

会社経営がうまくいかないのは、あなた自身の経営の仕方が悪いのはもちろんです。

しかし、あなたの問題ではないこともあります。

会社が倒産する大きな原因のひとつは、取引先がお金を支払ってくれないということです。こういう会社と取引をしてしまうと大変です。特に仕入れのある場合には会社が大打撃を受けます。お金をもらえない上に、仕入先へは支払わなければなりません。こういう悪徳企業との取引は、一歩間違えると会社がすぐに倒産してしまうことを念頭に入れましょう。

「貴社のＥＣサイトを丸ごと売って欲しい。３００万円でどうだろうか」

昔、このように言われ、新規の取引先に販売したことがあります。知り合いからの紹介ということもあり、特に相手先を調べることもしませんでした。

そして、ＥＣサイトを販売するに当たり、先方の社長から次の提案。

「お客様とのお金のやりとりはこちらで行うけれど、サイトの運営担当者が決まっていないので、それまでサイトの運営はそちらで継続して欲しい。代金の３００万円は運営担当者が決まったらすぐに支払います」

まぁそういうこともあるだろうなと、その間はサポートを続けました。

しかし、いつまで経っても運営担当者が決まりません。むろんお金も支払われません。ECサイトでの売上金はその会社が受け取るのですが、支払先には「担当者がまだ決まっていないから」という変な理由でお金を支払わないのです。支払先とは今までの付き合いもあるので、仕方なく当社でお金を立て替えて支払いました。

その後、私がいくら早くスタートして欲しいと言っても、「担当者が決まるまで」の一点張り。

結局、半年経っても同じ状況で進展がありません。仕方がないのでECサイトを閉鎖しました。最終的に300万円はもらえず、立て替えたお金は戻らず、ECサイトも失いました。

あなたもご存じのように、中小企業にはこうしたお金を支払わない会社がたくさんあります。

中には、「文句があるなら訴えてください」と開き直る社長もいます。こういう人は、訴えられても平気です。恥ずかしげもなく裁判もします。裁判に負けて支払うことになったら値引きを要求します。最悪でも請求書通り支払えばよいと考えているのです。

ある会社にソフトを販売したときも、納品後いつまで経っても支払いがありません。そこで電話をすると「まだ使い始めていないから支払わない」とのこと。

「では、いつから使い始めるのでしょうか」と聞いても、

「おまえにそんなことを言う必要はない」

こんなふうに電話を切られました。

たぶんあなたにもこういう経験がたくさんあると思います。

社長は誰でもなれます。悪人でも社長になれるのです。

「少しでも売上が欲しい」「今までの人間関係があってなかなか断れない」という気持ちはわかりますが、あなたが一所懸命に頑張って稼いだお金を、こういう人たちは笑顔で持ち去ってしまうのです。だから取引するときには、周りの評判、信用、相手会社の財務内容を常に確認することが重要です。

――詐欺のおかげで空中分解

私は詐欺にあった社長をたくさん知っています。詐欺というとTV番組でやっているような犯罪とからんだ悪質なものを思い浮かべるかもしれませんが、あなたを引っ掛ける詐欺は、微妙に合法的な詐欺（？）がほとんどです。

実例を紹介しましょう。

大学を卒業しお金をためて3人で起業した若手社長がいました。彼らはパソコンのメンテナンスがメインビジネスでしたが、パソコンの販売も細々とやっていました。ある日、彼らの会社に「パソコンを3台購入したい」という電話が知らない会社からかかってきました。当時パソコンは20万円くらいでしたから合計60万円ほどです。彼らはお金を先に振り込んでくれるなら納品しますという条件でその注文を受けました。ほどなくして彼らの口座にはお金が振り込まれ、彼らはパソコンを納めました。

しばらくしてまたその会社から電話がありました。今度は10台です。これも先振込ならという条件で注文を受け、入金もきちんとされました。

そしてまたその会社から注文が来ました。しかし今度は30台でお金は納品後に支払うということでした。さすがに彼らもこれには「うーん」となり、どうするかみんなで相談することにしました。

「今までも大丈夫だったから平気じゃないの」

「いや用心した方がいい。そうだ帝国データバンクで調べてみよう」

帝国データバンクに問い合わせをしてみると、堅実な会社で社歴も10年以上。評点も悪くありませんでした。

「じゃあ、注文受けようよ」

「いや一応、会社に行ってちゃんとした会社かどうか自分たちの目でたしかめてみようよ。実体のない幽霊会社という可能性もあるよ」

彼らはアポイントをとって3人でその会社へ訪問し、パソコンを注文してくれた若い部長さんにご挨拶をしました。社内には20人ほどの若手社員が、忙しく働いています。イキイキとしていてすごく活気がある会社です。

「これなら大丈夫じゃないの」

「そうだね。伸びてる会社っていう雰囲気だね。これならパソコンもどんどん必要になるし、今後もたくさん買ってくれそうだ」


こうしてパソコンをメーカーから仕入れて、その会社に納品。支払いは1カ月後でした。そして入金予定日になりました。

「あれっ、入金されてないよ。おかしいな、電話してみるよ」

「電話がずっと鳴りっぱなしなんだ。まずいな。会社に行ってみよう」

そして会社に到着。

扉には、

『倒産しました。お問い合わせは＊＊弁護士へドーゾ』

という張り紙が1枚。


3人は真っ青です。会社に戻り、帝国データバンクに「おたくで評点がいいっていう会社に掛け売りでパソコンを売ったら倒産しちゃったよ」と文句の電話をしました。

すると、

「評点は調査した時点ですから、その後どうなのかは当社もわかりませんよ。ずっと会社の前に張りついているわけでもありませんし」

まぁ、たしかにその通り。

「他にも我々以外にこういう電話が、かかってきているんじゃないですか」

「はい、かなりかかってきています。計画倒産みたいですね」

「どんな会社がだまされたんですか。我々みたいなコンピュータとかシステム関連の会社なんですか」

「いいえ。IT系は御社だけです。他はウニとかイクラとか。あと宝石とかですね」

「えーっ、ウニやイクラですか。あの会社の社員たちは会社が倒産するのを知ってて、なんでもかんでも高額なものを仕入れていたんですね。ひどい奴らだ」

「いいえ、そういうわけじゃないみたいですよ。あの会社にそもそも社員はいませんから」

「そんなバカな。20名くらいいましたよ」

「ああ、それは派遣社員ですね。今回、一番被害が大きかったのは派遣会社さんなんですよ。1千数百万円の被害だそうです」

そうです。あの人たちは正社員ではなく、派遣で働いていた人たちだったんです。部長も含めて。

その後、債権者集会が開かれ、資産を債権者で分けることになりましたが、彼らには結局、数千円のお金しか戻らなかったそうです。これが元で3人は喧嘩別れ。会社は空中分解してしまいました。

――預金口座は分散する

次の話は別の事例です。

ある日、当社に売掛金差し押さえの通達が裁判所から来ました。内容を確認すると、知り合いの会社が9000万円の借金をして返済できないので銀行預金や売掛金を差し押さえますと書いてありました。ビックリしてその知り合いの会社の社長に通達の

内容をメールするとしばらくして、

「またまたぁ、俺をビックリさせようと思って人が悪いなぁ。今度呑みに行きましょう！」

こんな脳天気な返信メールが来ました。そして1時間後。彼から電話がかかってきました。

「いや他の会社の社長たちからも大丈夫かという電話がたくさんかかってきました。マジすか。その通達を見せてもらえませんか」

彼から詳しい話を聞くとだいぶ悪質な話です。彼は売掛金数百万円の支払いを待ってもらっていたので、喫茶店で借用書を書かされたそうです。

そのとき、先方の社長に「正確な売掛金の金額は会社に帰らないとわからないから、金額を記載しない白紙の借用書にハンコを押しといて。後で金額は書き入れるから」と言われて実印を押したそうです。

ちょっと怪しげな社長でしたが、よく呑みにも行き、十年来の付き合いなので信用したんだそうです。

私はこれを聞き、憤慨して知り合いの弁護士に電話したところ、

「いや、こういうのを覆すのは難しいんですよ。井上さんの周りにはこういうことに巻き込まれる会社が、今までなかったのかもしれませんけど、この手の詐欺はホントにたっくさんありますよ」

こういう詐欺から身を守るために、金融に関する情報はあまり表に出さないことです。サイトに銀行名や支店、銀行口座を詳細に記載している会社もありますが、こうした情報は安易にさらしてはいけません。そしていくつかの口座に資金を分散する必要があります。

こういう詐欺にあった場合、他に銀行口座がないと取引先から入金されたお金はすべて詐欺会社にとられてしまいますし、取引先へ連絡して受取口座を変更するということもできません。小さな会社はこういう詐欺にあったらすぐに倒産に追い込まれてしまいます。

――お金が人を変える

仕入先にすごく人のいい社長がいました。人の話に真摯に耳を傾け、アドバイスもしてくれましたし、無理なことをお願いしても何とかしてくれるというすばらしい社長でした。

しかし、会社の業績が悪くなると突然、性格が変わりました。

最初は代金を先に支払って欲しいという要望でした。私はわかりましたと納品前にお金を支払いました。その後、どんどん資金繰りが悪くなってきたからでしょうか、「お金を早く、早く」ということが続き、挙句の果てに「次の商品の注文をしなければ、今、注文をいただいている商品はお渡しできません」と連絡がありました。

「でもそれはすでにお金を支払っているものですよね」と伝えると「たしかにお金は頂戴していますが、うちも大変なんです。だから次の発注をお願いします」とのこと。お金が人を変えてしまったのです。

仕方なく、次の発注をしお金も支払いました。そして数カ月後、この会社の役員から電話がかかってきました。「社長がガンで亡くなりました」。

結局どうなったのかというと、社長のワンマン会社だったため、役員も親族も誰も社長にならず倒産しました。開発費が戻らないだけでなく、その会社が運営していたサーバ代など、本来当社が支払わなくてもいい経費まで支払う羽目になりました。

社員が勝手にルールをつくる

社長業というのはなかなかバランスが難しい「職種」です。現場に付きっきりでは社員が伸びませんし、会社も大きくなっていきません。

一方、ずっと高みから見つめているだけでは、社内で何が起こっているのか知ることが難しくなります。社員に権限委譲していかないと会社は伸びていきませんが、たまにチェックをしないと社員が勝手なことをしてしまっている場合もあります。

このへんのバランス感覚が社長業としての「妙」なのかもしれません。

当社の近所にチェーン店の中華料理屋があって味はなかなかのもの。しかも食べ放題・飲み放題で4000円という安さで毎月1回は通っていました。

しかしある日、「取り皿をください」と言うとお店のルールが変わっていました。

中国人の店員がしきりに「お皿はひとり3枚まで」と言うのです。店内にもチラシにもそんなことは書いてありません。たぶんお皿を洗うのが面倒だから社員が勝手にルールを決めちゃったんでしょうね。

社長は気づいていないと思いますが、社員がお客様とのルールを都合よく自分勝手に変更するというのは、よくあることなのです。

さいたま市営駐車場というところで、駐車料金として5000円札を出すと「おつりは渡しません」と言われました。管理人いわく「張り紙に書いてあるでしょ。おつりはありませんって」。言われてみれば、たしかに小さく壁に張り紙がしてありました。とはいえ4000円も余分に払うのはおかしいと言うとしぶしぶおつりを渡されました。公務員だから仕方ないのですが、今までこうして余分にもらったお金は自分のお小遣いになっているんでしょうね。

ここで、笑ってばかりはいられません。こういうことを自分の会社の社員がしていないと言いきれるでしょうか？

私の親しい税理士は「顧問契約が解除されるのは職員の対応が悪いという理由ばかり。質問したことに答えられない、質問されたことすら忘れている。こんな税理士事務所と顧問契約なんてできないですよねと社長から言われたこともあります。本当に恥ずかしい」と言っていました。

社員はミスしたことを上司の目から隠そうとします。とにかく楽をしたいという人もいるでしょう。その歪みはドコに向かうかというと「お客様」へと向かいます。

「最近、売上が落ちてきた。昔のお客さんが離れていった」

もしそんなことがあるなら、一度現場を直接見ることが重要です。あなたの社員が、お客様に自分勝手なルールを押しつけているのかもしれません。

クレーマーから社員を守る

高齢者から、暴力行為を受けたことがある病院の関係者は職員の半分以上という統計をＴＶで見ました。精神的な病気にかかっている人は１００人にひとりだそうです。もう昔のように「クレームは宝物、お客様は神様です」なんていうことを言っているると、社員がどんどん疲弊してしまいます。社員を助けるためにも変なクレームを言うお客様、常識が違うお客様、やばそうなお客様は毅然とした態度でスパッと切るべきです。

また小さな会社の場合には、社員ではなく社長に直接クレームを言ってくるお客様もいると思います。いわゆる「社長を出せ」と言う人です。

こういう人を私は即座に切っています。社長に言えば何とかしてくれるだろうという姑息な考えも気に食わないですし、今後も何か問題があったら社長に直接言えばいいんだなという感覚を持たれるのも嫌だからです。また社員にはダメと言っておきながら直接お客様から連絡があると「まぁいいですよ。特別ですよ」なんていう譲歩をしたら社員はやる気がなくなってしまいます。

こういうクレーマーとは、何とかうまくやっていこうというのではなく、法的なことも含め、顧客リストから完全に消滅させることが必要です。

ある会社の社員が警察に捕まりました。なぜ捕まったのかというとポスティングです。郵便ポストにチラシを入れていたら突然、マンションの住人が木の陰から飛び出してきて「おまえ、ポスティング禁止ってココに書いてあるだろ。警察につき出すからな」と腕をつかまれました。その社員はパトカーに乗せられて警察署に連れて行かれました。

ところが警察も大弱り。いったい何の罪なんだということのようです。彼はすぐに無罪放免となりましたが、こういう常識が違う人から社員を守ることがこれからの社長は必要だと思います。クレーマーとのトラブルは1銭のお金にもならず、時間が浪費され、社員も疲弊します。

少しでも売りたい、利益が欲しいというのはわかりますが、やばそうな会社、変な人がいるところへ社員を行かせないように配慮してあげましょう。

マージンは経費なの

ある飲食コンサルタント会社の女性役員（事実上のトップ）からはこんなメールが来ました。

「広告やネット広告など無料で出してもらったり、業界紙に載せていただいたり本当にお世話になりました。おかげさまで何とか軌道に乗りそうです。とはいえ、まだまだ収益的にきついので、そちらにお支払いする契約時のマージンの支払いを止めたいと思っているんですが、いかがでしょうか」

たまにいるのですが、お金をたくさん使って広告宣伝し、営業マンを育て、セミナーを行い、そろそろやっと利益になりそうかなという時点で、この手の連絡をしてくる人がいます。特に女性社長からはこの手の連絡を今までいくつもいただきました。

男性と女性のお金に対する意識の違いについて書かれている本を読んだことがあり

ます。それによると男性は売上を重視し、女性は経費を重視するとのことでした。正当な利益を経費と見られたら、たまらないのですが。

ところで先ほどのお話に戻ります。私はこの手の連絡が来るといつもこう言います。

「ええ、もちろんＯＫですよ。頑張ってくださいね」

男性とか女性とかの問題ではなく、こういうことを一度でも口にする人間と一緒に商売ができるはずはありません。もう二度とお付き合いしたくないですから、素直に言うことを聞いて円満解決します。こんな社長と付き合っていていいことは一切ありませんし、会社経営がうまくいくはずもありません。

ちなみにこの飲食コンサルタント会社は当社の協力がなくなったために倒産しました。お互いにメリットを出し合いながら共存していくという感覚があれば、もっと伸びると思うのですが本当に残念です。

「交渉」の意味

社長の中には交渉できない人というか、交渉の意味がわかっていない人がいます。

たとえばこんな感じです。

「実はうち、社員をかなり増やしたんです」

「そうですか。それはおめでとうございます。どんどん売上を増やしていけそうですね」

「ええ、そうなんです。そこでちょっと交渉したいことがありまして」

「えっ、どんなことでしょうか」

「今、お支払いしているマージンを減らしていただけないかと。結構、人件費がかさんでしまいそうなので」

いやいや、これは交渉ではありません。これはおねだりと言います。

交渉とは、「私が持っているミカン1個とあなたが持っているリンゴ3個を交換していただけないでしょうか。そのかわり、うまくいったときにはミカン10個を差し上げます」ということです。

つまり「今はあなたに損させますが、将来あなたに得させてあげます」というのが交渉なんです。

また、一度決まった話でも、後から条件を変える人がいます。

ある会社の社長から社員教育用のＤＶＤを３掛けで卸すので、販売してくれる会社はありませんかと聞かれました。そこで知り合いの販売会社を紹介してあげました。

ある日のこと、販売会社の社長から電話がかかってきました。

「井上さん、あの会社の社長から突然7掛けにしますと一方的に連絡があったんです。困りましたよ。これじゃあチラシもサイトも作ったのに儲かるどころか赤字ですよ。

うちの代理店さんからも怒られちゃって大変です」

社長というのは対外的に一度でも口にしたことは死んでも守らなければなりません。「スミマセン、前のお話はなしにしてください。やっぱりこれでお願いします」と私に連絡してくる社長もいますが、これは社長としては絶対にやってはいけないことだと思います。

損しようが何だろうが、一度でも社長が対外的に口にした言葉は死んでも守る。これが社長としてのルールです。

船長は沈没前に乗組員をボートで逃すのが役目

「会社の利益が上がらない、むしろ下がっている。今年も赤字だ」という会社は多いでしょう。

そこで社長はどうするかという判断が求められます。「社員とともに心をひとつにして一丸となり営業する。コストを削減する方法を考える」という人もいるでしょう。それは間違いではありません。

小さな会社は3期赤字が続いたら、かなり大変な状況に追い込まれます。ですからもし何年も赤字が続いたら、社員を解雇する必要があります。

「社員たちにも生活がある、今まで一緒に頑張ってきた」

わかります。しかし会社が生き残るには大幅なコストダウン、つまり社員を減らすということも考えなければなりません。

・ずっと赤字でもギリギリまで頑張る
↓
・社長はもちろん、社員も朝から晩まで薄給で頑張り続ける
↓
・健闘むなしく結局、倒産……

こんなことになったら社員も大変です。突然、給与がなくなり、ハローワークで職探しをすることになります。社員は心の準備も何もなく突然、放り出されるわけです。会社がずっと赤字なのに、社長の意地とプライドで社員を解雇しないでいると、お互いが不幸になりかねません。

みんなにいい顔をしたい気持ちはわかります。しかし、心を鬼にして解雇を言い渡す勇気を持ちましょう。会社という船が沈没し全員が溺れ死ぬということを避けるのは、船長である社長の責任です。早めに社員をボートで逃がしてあげるのが社長としての本当の愛だと思います。

第4章

会社を危うくする「誘惑」に打ち勝て

会社を経営しているといろいろな誘惑に遭遇しますよね。どれも魅力的な誘惑ばかりです。

しかし、私は誘惑に負けて会社が倒産してしまった社長を何人も知っています。今からお話しする様々な誘惑に対して、あなたには毅然とした態度でＮＯと言って欲しいと思います。本章では社長を惑わす誘惑についてお話しします。

成功に終わりはない

売上もある程度読めるようになってきた。預金もそれなりに増えてきたという社長はある日ふとこう思います。

・もう自分は成功したと言えるんじゃないか
・うちの会社もなかなかいい会社になってきた
・最近は、社員も喜んで仕事をしているようだ

正直言って、こんなふうに思ったらもう社長としては終わりかなと感じます。自画自賛したり、会社が成功したからこれからは社会貢献したいなどとおごり高ぶったときに、会社はどんどん下降していきます。

「昔は大変だった、苦労もかけたけど社員も今はみな喜んでいるだろう。会社も立派になった」

なーんて思っているのは社長だけです。とんでもないひとりよがりです。

「今までひどい会社だったけど、最近やっと普通の会社になったよ。やれやれまったく」

社員はこんな程度にしか思っていません。

社長とは常に様々なことを心配したり、周りの出来事にビクビクしながら、それでも死ぬまで走り続ける人なんだと思います。もし少しでも心の平安を求めるならばスグに社長を辞めるべきです。

・もっとお客様に喜んでもらえることはないか
・今の商品をどう改良したらいいか
・社員が働きやすい環境とはどういうものなのか

考えなければならないことはいくらでもあります。自画自賛なんてしているヒマはないのです。

私は自分の子どもたちにお父さんの仕事は何なのと聞かれると「お父さんはパソコンショップで働いているんだ。だからパソコンに詳しいんだよ」と小さい頃からずっと言い続けています。親しい友人以外には私が社長だとは伝えていません。ウソはよくないですし、隠す必要もないのですが、「私、会社経営しているんです。社長です」なんて言うと、何か自慢しているように聞こえるのが嫌なんです。

「俺は今、クラブを3つ経営しているんだ。もしよかったらみんなにVIPルーム提供するぜ」

一方、同窓会に出ると、こんなことを言う奴もいます。女子(おばさんかな。失礼！)たちは「まぁ素敵」なーんて目を輝かせています。私はそういうことをすらすら言える奴にうらやましさと同時に、いやらしさも感じてしまうんです。

社長とは常にバッターボックスに立ち、人の目を気にせずバットをビュンビュン振り続ける人なんだと思います。

ソフトバンクの孫正義氏は、お金持ちでしょうし大成功を収めた人だと思いますが、いまだに一か八かの勝負をしています。

空振りを恐れずに、これでもかこれでもかと何度もバットを振り続ける人、何度倒れても立ち上がる人。それが社長なんだと思います。

「ブレない」は本当にいいことか？

日本では一本スジの通った人とかブレない人、信念を持った人というのは褒め言葉で使われることが多いのですが、会社経営においてそういう人は果たして成功するのでしょうか？

私なんかはもういつもブレブレで社員に怒られたりすることもあります。

何かブレない人ってかっこよく聞こえますが、会社経営では昨日の正解が、今日の不正解であることはよくある話です。長く会社をやっていると自分の会社の事業がいつの間にか斜陽産業になってしまうこともありますし、社会環境の変化で事業転換の必要に迫られることもあります。

だから「俺は社員を絶対に解雇しない」なんていう変な（？）信念を持ち続けると会社がなくなってしまうこともあります。倒産後も給与をくれるならいいのですが。

また、やりたくないことがあると「俺の信念に反する」なんていう変な言い訳をしてやらない人もいます。

「俺は嫌いな奴に頭を下げてまで仕事をする気はない」

何かカッコいいように聞こえますが、私は少々疑問に感じてしまいます。

信念とかブレないというのは、自分は不正なことはしないとか困っている人を助けるといった人間の生き方、哲学としては持つべきですし、すばらしいと思います。

しかし、こと会社経営においてはブレる・ブレないは、さほど重要ではないように感じます。経営の局面では柔軟に対応しないとなりません。

人望のない社長に未来なし

ある会社の社長は社員を集めて「みんな知っているように、会社の業績がすごく下がっています。なので今回、ボーナスはありません」と発表しました。社員も会社の業績が悪いのを知っているので、仕方がないなぁと諦め顔です。

そして数週間後、会社の近所の駐車場には社長の新車のポルシェと弟で副社長のBMWが置かれていました。ある日、社員がこの車から出てくる社長の姿を見かけたのです。社長はこの場所なら見つからないと思っていたのでしょうが、全社員が自分たちのボーナスが一族の高級車になったことを知りました。社員たちはがっかりです。

社長はひとりひとりの社員のことなんかいちいち気にしていませんが、社員は社長のことをよく見ています。社内で部下とキスしていたことも会社のお金で愛人のマンションの家賃を支払っていることもみんな知っているのです。

税金を払わないと倒産する確率が高まる

なるべく税金を支払いたくないという社長がいます。たしかに税金をたくさん支払っても頭の悪い政治家がくだらないことに使ってしまったり、一部の仕事もしないような公務員の給与になるなら、税金なんて支払いたくないという気持ちはわかります。

ただし、会社のために自分のために税金は支払うべきなんです。現金がたくさん手元に残る節税というのはほとんどありません。通常は物を買ったときの経費などでの節税が主になると思いますが、こういうことを続けていくと現金が会社に残らなくなるのです。

会社が倒産する原因のほとんどは現金がなくなることです。利益が出なくても倒産はしませんが、現金がなくなると利益がいくら出ていても会社は倒産してしまうのです。大きな会社が何期か赤字であっても倒産しないのは現金が豊富にあるからです。
では会社に現金を残す方法はどうしたらよいのでしょうか？
そうです。税金を支払うことなんです。

もちろん赤字なのに無理やり黒字にして税金を支払うことはありません。会社は黒字のときに貯金し、赤字のときにそれを使うのです。会社経営は未来永劫ずっとうまくいくものではありません。山あり谷ありです。だから万一のとき、会社が倒産しないために税金を支払って貯金することは大変重要なのです。

税理士でもこのへんがよくわかっていない人がたまにいます。節税すると社長が喜ぶと思ってギリギリの節税をする人もいます。

しかしその節税で多くの会社が倒産しているのが現実です。税金を支払うのは日本のためではなく、自分のため、会社の保険と考えてみたらどうでしょうか。

飛び回る人に利益なし

世の中にはスゴク移動する社長がいます。とにかく全国各地を動き回ります。

「実はこれから札幌で打ち合わせ、その後とんぼ返りで東京でミーティング。明日は朝一で博多なんだ。来月はアメリカで行われる見本市に行かなければならない。いやぁもう忙しくて忙しくて」

これを聞いてスゴイなぁ大活躍しているなぁと思う方もいるかと思いますが、実はこの手の社長はたいてい儲かっていません。全国各地を飛び回り忙しく移動していると何となく自分がすばらしい仕事をしている気になるのかもしれません。

とにかくこの手の「動き回る人」で儲かっている人に私は会ったことがありません。人に振り回されているというより、自分で勝手にコマのように回っているんです。

以前、日本中を飛び回っている社長に「前にお会いしたときに言っていた大企業とのビッグな取引話はどうなったんですか」と聞くと、「いやぁ、あの話は途中で流れました」、こんなことがほとんどです。

移動時間というのはビジネスの「休憩時間」なんです。1日のほとんどが休憩ですから儲かるはずがありません。全国を飛び回ってペイする人というのは単価が超高いコンサルタントだけなんです。

一方で、商品の販売を全国で行うということは我々もついやってしまいます。

「売上がもっと欲しい。今の地域だけでなく全国で販売すればもっと売れるだろうな」こんな気持ちはわかります。私も会社を設立した当初は全国でソフトを販売していました。社員は私ひとりだけという状況でしたが、主に通信販売なので全国に販売しても問題ないと思ったのです。

しかし広告を出してみると、実際に見てみたい、操作で困ったことがあるんだけどという問い合わせになかなか答えることができませんでした。また遠方の会社からは「遠方だと購入した後、何かあったときにサポートをきちんとしてくれないのではないか」という不安もあり、手間の割に販売数もあまり伸びませんでした。

そこで私は、全国販売から東京から名古屋までの地域に絞り込み販売するということにしました。すると口コミも多くなり販売数も伸び、お客様への対応もスムーズになりました。

販売地域が広ければ広いほど売れるというのは幻想です。狭い地域で成功しないものは、広げたとしてもコストと利益が相殺して結局プラスマイナスゼロになることが多いものです。まずは一定の地域、特定のニッチなマーケットに絞って販売し成功を収め、その後、全国展開を考えてみたらいかがでしょうか。

情報収集・管理の誘惑

会社経営は数字で把握しろという人がいます。これはこれで正しいのですが、いき過ぎた数字管理はまったく無意味です。

ある上場企業の経営管理のシステムを作っているときに社長から紙1枚で会社の状態がわかるものを作りたいという要望が出ました。

そこで各部署の部長や取締役が何回も会議を開いたようで、会社経営に必要な数値や項目がリストアップされました。私はそれを見て「正直言って意味ないですよ。こんなもの誰も見ませんよ」とお伝えしました。なぜなら、取締役たちから提出された項目を1枚の紙で表現しようとすると、なんと縦横2メートルくらいの紙が必要になるからです。ツイスターゲーム（古かったかしら）みたいに大きな紙を見て会社の状態を知るなんていうものは、そもそも実用性がありません。

またある会社では20年前の顧客データを管理していました。顧客データに載っている会社がまだあるのかどうか、住所が変更されているかどうかなんてまるで興味はありません。

いずれにせよ、とにかく「管理」したいんですね。

情報というのは、本当にピンポイントなものだけを残し、不要なものは捨てるということをしないと、情報という名の「ゴミ」に埋もれてしまい、本当に重要なことが何なのか、わからなくなってしまいます。

郵便はがき

恐れ入りますが
切手を貼って
お出しください

112-0005

東京都文京区水道 2-11-5

明日香出版社

プレゼント係行

感想を送っていただいた方の中から
毎月抽選で 10 名様に図書カード(1000 円分)をプレゼント!

お名前《ふりがな》	
ご住所	郵便番号(　　　　) 電話(　　　　) 都道 府県
メールアドレス	

* ご記入いただいた個人情報は厳重に管理し、弊社からのご案内や商品の発送以外の目的で使うことはありません。
* 弊社 WEB サイトからもご意見、ご感想の書き込みが可能です。

明日香出版社ホームページ https://www.asuka-g.co.jp

ご愛読ありがとうございます。
今後の参考にさせていただきますので、ぜひご意見をお聞かせください。

本書の
タイトル

年齢：　　　歳	性別：男・女	ご職業：	月頃購入

● 何でこの本のことを知りましたか？

① 書店　② コンビニ　③ WEB　④ 新聞広告　⑤ その他

（具体的には →　　　　　　　　　　　　　　　　　　）

● どこでこの本を購入しましたか？

① 書店　② ネット　③ コンビニ　④ その他

（具体的なお店 →　　　　　　　　　　　　　　　　　）

● 感想をお聞かせください

① 価格	高い・ふつう・安い
② 著者	悪い・ふつう・良い
③ レイアウト	悪い・ふつう・良い
④ タイトル	悪い・ふつう・良い
⑤ カバー	悪い・ふつう・良い
⑥ 総評	悪い・ふつう・良い

● 購入の決め手は何ですか？

● 実際に読んでみていかがでしたか？（良いところ、不満な点）

● その他（解決したい悩み、出版してほしいテーマ、ご意見など）

● ご意見、ご感想を弊社ホームページなどで紹介しても良いですか？

① 名前を出して良い　② イニシャルなら良い　③ 出さないでほしい

ご協力ありがとうございました。

烏合の衆からは何も生まれない

ある大きな会社の息子さんの話です。彼は私の知り合いの会社に入社しました。親父さんの会社が倒産してしまい仕方なく転職をしたのだそうです。ボンボン息子なんだろうなと思っていましたが、話をしてみるとなかなかきちんとした好青年です。

彼との打ち合わせが終わったときのことです。

私「では呑みに行きましょうか」

彼「すみません、行かなければならないところがありまして。出ないわけにはいかないんですよ」

私「それでは仕方ないですね。では次回にしましょうか。ところでそんなに重要なところってどこなんですか」

彼「ＪＣ（青年会議所）のミーティングに出席しなければならないんです」
私「えっ、だって、もう親父さんの会社なくなっちゃったんだし、もうサラリーマンなんだから、もうＪＣを辞めちゃった方がいいんじゃないんですか」
彼「ＪＣの重要なポストについているので行かないとダメなんです……」

私なら会社が倒産しちゃったらそんなミーティングに出ること自体が恥ずかしいですし、逆に会合に倒産した会社の人が来ていたら周りの人も痛々しくて見ていられない気がするのですが、彼はどうも平気みたいです。

失敗する社長はとにかく仕事以外が忙しそうです。慈善事業という名のゴルフコンペやボーリング大会、意味不明な経営者の交流会などにどんどん顔を出します。
「こういう経営者の集まりから新しい仕事が見つかるんだよ」
なんて言い訳をする人もいますが、烏合の衆からは何も生まれません。お金が儲からないことは、すべて仕事ではないということを頭に入れておくべきだと思います。

ケチもほどほどに

創業者というのは毎日毎日お金に苦労して会社を経営してきた人。だからたいていの人はケチなのですが、常識を超えた「ケチな人」もいます。自分に対しては大盤振る舞い。しかし社員には給与以外のお金は1円でも支払いたくないという人がいます。「社員には給与を払っているんだから、残りの会社の金は全部俺の金だ」

こんな公私混同が甚だしい人もいます。

こういう会社では社長と社員の間がギスギスしてきます。お金に苦労してきたのはわかりますし、常識の範囲内での経費削減というのは、会社経営では重要なことです。

ただ、やり過ぎると社員は社長をただのセコイ奴だと思うでしょう。外部の人に対しては、ケチでもいいと思いますが、社員は仲間なのですから、もっと潤いを持って接してあげるべきだと思います。

たとえば、お菓子やおみやげを内勤者にたまに買ってあげてもいいでしょう。外勤者は外で美味しいものを食べられますが、内勤者はいつも会社の近所のお店のお菓子しか食べられません。

ですからどこかに行ったとき、遠方でなくても近所でもいいんです。何か美味しそうなものがあったら買ってきてあげるんです。何万円もするものを買ってあげるわけではありませんよね。たかだか1000円、2000円です。

これで社内が円滑になり、社長は「ケチでセコイ人」から「ケチだけどいい人（?）」に変身するのです。

お金はもちろん自腹です。領収書なんかを経理に渡したらあなたの信用は地に落ちます。「なんだ、会社のお金でおみやげ買ったのか」となります。

話はそれますが、ある大企業の社長が総務の人に「社用車をこの人に名義変更して」と頼みました。総務担当者は名義変更する人の名前を見てビックリ。元社員で社長の愛人の名前だったのです。この話は1000人の社員に即座に伝わりました。社員たちの情報網は光よりも速いのです。

「社長は年収1億円以上もあるんだから、愛人に新車くらい買ってあげろよ。セコイ社長だなぁ」

社員たちはみんな大笑い。「社長がケチというのは仕方がない」というか必須の条件ではありますが、ケチもほどほどにした方が賢明のようです。

品揃えを増やすメリット・デメリット

人間とは弱いもので売れなくなると広い地域で販売したり、多くのお客さんのニーズに応えたいと品揃えを多くしたりします。

ある日、日本マイコン（現弥生）という会計ソフトメーカーの社長が当社に遊びに来たときのことです。当時の日本マイコンは当社より大きな会社ではありますが、ソフトのラインナップは弥生会計と弥生給与しかありませんでした。

しかし、当社は他社からOEM供給を受けていたため、会計から税務まですべてを揃えていました。社長が訪れると私は自慢気に「当社はお客様のニーズに応えられるように、業務用システムのラインナップを多数取り揃えてあります」と総合カタログをお見せしました。

すると社長はこう言うのです。

「井上さんね、これだけのものを売るだけの人員やサービスの体制はどうしているの。営業マンの教育も必要だよね。ＯＥＭといったってお客様からのファーストコールは受けなければならない。お客様からの質問や問い合わせだって多岐にわたるよ。こう言っちゃなんだけど商品をもっと絞り込んで、特定のシステムに集中して販売しないと売上は伸びても利益が出なくなるよ」

たしかにメインのソフト以外はほとんど売れていません。単に見栄を張っていただけです。会社を大きく見せるために、多くのラインナップを取り揃えていますとお客様に言いたかっただけなのです。

私は社長の言葉を聞き、即座に他社からのＯＥＭ販売を止め、ソフトを会計ソフトだけに絞り込み販売することにしました。

多くの商品を扱うことで、たしかに売上は伸びますが、微々たる売上にしかなりません。営業力があちこちに分散し、現在の主力製品まで売れなくなることもあります。

お客様をがっかりさせないように品揃えを多くしたい気持ちはわかりますが、小さな会社は特化した単品で勝負することが重要なのです。

人を雇うのは最後の手段

営業系の社長に多いのが「社員数が多ければ多いほどすばらしい会社」という考え方です。だから人と話すときは年商ではなく、社員数を聞きます。

ある社長からこんな電話がかかってきました。

「井上さん、会社を設立したときはどうなるかと思ったけど、おかげさまでお客様も増えて、仕事も順調になってきた。だからそろそろ社員を雇おうと思っているんだけどどうかな」

「社長、年間いくらぐらい営業利益が出ているんですか」

お聞きすると「1000万円くらいかな」というお答えでした。私は「ならダメです。バイトを少しだけ雇うならいいですが社員を雇ってはダメです」と返答しました。

またコピー機を販売している社長から人を雇いたいという連絡があり、相談にのりました。

私「社長、コピー機って今、5年リースで月いくらぐらいですか」

社長「そうですね、安いものだと月額1万円ちょっとですね」

私「そうですか社長、人をひとり雇うということは月30万円のリース、つまり5年リースなら総額1800万円のコピー機を買うのと同じ話なんですよ。それでも人を雇いますか」

人を雇うということは給与の他に、社会保険料もかかります。交通費もかかります。パソコンも机も必要。オフィスはもとより、男性も女性も雇うならトイレは別にしなければなりません。

ですから社員をひとり雇うのならば、社長ひとりの力で、まずは年間1300万円の営業利益を稼ぐことが必要です。

社員ひとりを雇うと給与や賞与も含め、なんだかんだで年間400万円は必要です。社長の給与を500万円にすると、1300万円マイナス900万円。つまり残りは400万円しかありません。これでオフィスを借り、チラシや広告を出し営業をしなければなりません。

かなりギリギリだと思いませんか。「今は赤字でも社員を雇ったら売上が上がるから……」という社長がいるかもしれませんが、それは幻想です。

社員を雇うときは、「社員を雇ったにもかかわらず全然売上が上がらなくても会社がやっていける」というのが大前提です。

社長が売れない商品は社員も売ることはできません。バックヤードの仕事で人を雇うならば、そもそも売上は上がりません。

ひとりで仕事をしていると忙しいなぁ、人を雇いたいなぁと思うことがあると思います。心細いから仲間が欲しいということもあるでしょう。

しかし、少し我慢してください。人を雇う前にまず外注に頼んでみてはいかがでしょうか。「今は社会保険が高くなったから、社会保険料の社員負担、会社負担を合わせると3割近くなってしまう。これなら外注に消費税を支払った方がずっと得だよ」という社長もいました。人を雇うのは最後の手段と考えてみてください。

会社なんて単なる器にすぎない

今は順風満帆な社長であっても何回も倒産の危機にあったことがあるそうです。もちろん私も何十回も経験しています。起業当時は資金繰りに困り、毎月倒産しそうな状態でした。

昔、自動車関連商品を売っていた経営者3人がホテルの一室で首を吊ったというニュースを見たこともあります。3人は融通手形を発行しぐるぐる支払いを廻しあい、もうどうにもならないというところまで追い込まれて自殺しました。最後に3人はみんなで牛丼を食べてから首を吊って死んだそうです。こういう自殺をする人を「頑張ったんだね。かわいそうに」という人もいますが、私はそうは思いません。

自殺なんてする人は単にプライドが高いだけ、カッコつけているだけの大馬鹿野郎です。

会社なんて単なる器にすぎないのです。苦しかったら会社を止めればよいのです。そして再起を目指せばよいのです。

この本を読んでいる社長の中にも「もうダメだ。自殺しよう」という人がいるかもしれません。死ぬ前に考えてみてください。あなたの家族はあなたが亡くなったおかげで借金が消えた、保険金がもらえたと喜ぶでしょうか？

自己破産して家が貧乏になっても、たとえどんな職業になっても家族はあなたが生きていることが一番嬉しいことなのです。

私は30年以上、会社を経営して気づいたことがあります。

それは「死ぬほど大変なことなんてひとつもない」ということです。

まずあなたの悩みをひとつひとつ紙に書いてみてください。ひとつひとつはたいしたことがないのではありませんか。

「あの会社がお金を払ってくれない」

「明日振り込むお金がない」

「社員が言うことを全然聞かない」

「お客さんに損害を与えてしまった。訴えられるかもしれない」

「明日、社員に解雇を伝えなければならない」


このひとつひとつに回答を書いてみてください。回答のない問いはありません。

「相手に謝る、会社を倒産させる、弁護士に相談する……」


悩みというのは不安な要素が、グルグル頭の中を行き来するから起こるのです。ひとつひとつに回答していけば、たいしたことはひとつもないのです。

会社経営でどんな失敗をしてもあなたの命までとられるわけではありません。

「生きる」。そして何度でも「挑戦する」。それが経営者なのです。

小さな会社は法律で戦う

――裁判は損

頻繁に訴えられているコンサルティング会社の社長がいます。社員からはセクハラ行為や給与の未払い、企業からは売掛金の踏み倒しなどでたびたび訴えられています。だから裁判慣れしているのでしょうか、少しでも気に入らないことがあると言いがかりをつけて様々な企業を訴えています。むろんこういう社長とは付き合ってはいけないのですが、最近は訴えるとか訴えられるということをよく聞くようになりました。

あなたも事業をやっていて理不尽なことを押し付けられたり、売掛金を踏み倒されたということがあったと思います。

しかし、「では裁判だ。訴えてやる！」というのはよく考えてからにした方がいいでしょう。なぜなら裁判は割にあわないものだからです。相手を訴えるには裁判費用や弁護士費用がかかる上、裁判資料をまとめる手間、弁護士との打ち合わせや裁判所に行く時間も必要です。また裁判は1回では終わりませんから何回も同じようなことを繰り返すことになります。

民事裁判では常に和解が求められますから、最終的に訴えた金額を先方から満額支払ってもらえるわけでもありません。その上、結審しあなたが勝訴したとしても相手が払うかどうかは別の話です。私の知り合いから、裁判には勝ったものの結局、相手から1銭もお金をもらえなかったということを聞いたこともあります。

小さな会社にはお金はもちろんヒマもありません。請求額がよほど多額ではない場合、小さな会社は泣き寝入りした方が賢明です。裁判に勝っても会社が倒産してしまったら何にもなりません。

たとえば請求額が1000万円以下だと裁判してもあまりメリットがないと思います。請求額が1000万円だとしても、相手と300万円程度で和解、弁護士へ何割か成功報酬を支払います。

ほら、ほとんどお金が残りませんよね。この他にも弁護士への着手金や、裁判資料の作成、裁判している時間などを考えたら請求額が1000万円程度だと馬鹿らしいことになりそうです。とはいえ、もし高額な請求額で訴えるのであれば、ツテをたどって有力な弁護士に依頼します。有力な弁護士の費用は高いですが、裁判をせずに和解ができる場合も多く、実質的に勝訴することができます。有力な弁護士というのは、裁判は面倒だし時間がかかるものなので極力、避けたいようです。

――訴えられたら必ず弁護士を頼む

訴えられてもうちは悪くないし、弁護士費用も高いから自分でやるという社長もいますが、これは止めた方が賢明です。相手が弁護士を立てて訴えてきた場合には、こちらも必ず弁護士を立てましょう。

裁判というのは本当に「水モノ」です。絶対に自分は悪くないと思っていても、裁判官がどう思うかは微妙なのです。すべては裁判官に委ねられています。

たとえば、我々はよく契約書の最後に「甲及び乙は、本契約に基づくすべての紛争は、＊＊地方裁判所を第一審の専属的合意管轄裁判所とする。」なんて書きますが、これも裁判官の考え方で変わります。

当社が実際に関わった裁判のお話をしましょう。十数年前、当社はある地方都市の会社から訴えられたことがあります。裁判と言っても、とにかく理不尽で言いがかりも甚だしいものだったので、「こんな裁判に負けるはずがないし、弁護士を頼んだらお金もかかる。馬鹿らしいなぁ」と私は弁護士を立てませんでした。また利用契約書には、東京地方裁判所を第一審の専属的合意管轄裁判所と書いてありますから、「裁判は東京で行われるのだから会社からすぐに行けるし」と軽く考えていました。

ところが「全国にシステムを販売している会社なんだから、地方で訴えられるということも想定しているはず。こちらまで来なさい」という連絡が裁判所から来ました。新幹線を使っても往復4時間以上かかります。とはいえ裁判所に「そっちに行くのは嫌です」と言うわけにもいかず渋々、その地方都市の裁判所へ行きました。

裁判はすぐに終わると思っていましたが、さにあらず結局、裁判所へ何回も往復することになりました。しかも、いつの間にか論点がどんどんずれていき、全然違う方向に話が進んでいきました。そのときに、裁判というのは正しいことを主張したからといって必ず勝てるとは限らないということを知りました。ですから訴えられたら（訴えられそうになったら）プロつまり弁護士に頼むのが賢明です。

先ほどの当社の裁判は結局、裁判官の粋な計らいで、訴えられた当社が先方から交通費などを支払ってもらい和解となりました。

後にも先にも裁判はこれっきりですが、何回も裁判所へ行き、たくさんの資料を作ったりしなければなりません。

仕事中に裁判のことを考えてしまいイライラしたり、仕事に集中できなかったりと散々です。正直、本当に疲れました。

――大企業とのやりとりは必ず議事録を作る

ある日、あなたの会社に大企業から問い合わせがありました。あなたは緊張しながらその大企業に打ち合わせに行きます。すると感触がよく、話はどんどん進んでいきます。あなたも手応えを感じて彼らの要望通りのものを作り上げます。そしてその事業がスタートする寸前になって、あなたに「すみません、会社からこの部分を修正しろと言われまして。来週までに変更できますか。もしできないならこの件はなかったことにしてもらえますか」と電話がかかってきます。大幅な修正なので時間もかかりますし、お金もかかります。これでは最初に取り決めた価格では大赤字です。

ゆえに、大企業とやりとりするときには必ず議事録を作ってください。本来ならば契約書を交わしておけばいいのですが大企業はなかなか契約を結びませんから議事録を作っておくのです。また電話でのやりとりはしないことです。必ずメールでやり取りをしてください。証拠をとっておくためです。そしてもし話がこじれた場合には弁護士に相談します。大企業の場合、裁判を嫌いますので、たいていは示談で終わります。先方が中小企業の場合は、たとえ裁判に訴えて勝ったとしてもお金を回収できる可能性は低いですが、大企業の場合には必ずお金を払ってくれますから大企業との裁判は安心です。

――大企業との契約は弁護士に依頼する

20年ほど前、年商数千億円のコンピュータメーカーのシステム開発部から連絡がありました。当社はデータ変換技術に優れているのですが、そのノウハウを教えて欲しいとのこと。見返りは新商品の独占的な販売権でした。私は大喜びでシステム開発部の方とお会いしました。

そのときに開発部の方から言われました。

「井上さん、これは社内でも秘密で行っているので当社の販売会社や関連会社には他言無用にして欲しいです。また秘密のプロジェクトなので契約書が作れないんです」

私は、「そうですか、秘密プロジェクトですか。カッコいいですね！　もちろんO

Ｋです」とお答えしました。その後、何回かにわたり当社の資料を渡し、打ち合わせを重ねました。先方からの資料にはすべてマル秘のハンコが押されており、その都度お持ち帰りになりました。

秘密プロジェクトが開始されてから数カ月経った頃、突然先方との連絡がとれなくなりました。電話をしてもいつも席を外しているとのこと。

「開発もラストスパートの頃だし、忙しいのかな。またしばらくしてから電話しよう」

こうして1カ月が過ぎました。

そんな頃、そのメーカーの販売会社の課長が当社に突然やって来ました。

「井上さん、ついにうちもデータ変換システムを作ったんですよ」

私は「えっ、それ見せてよ」と言うと、彼は得意気にパソコンを操作しました。

そして私の目の前には開発の人と打ち合わせした内容そのままのものが画面に現れました。私は「なんだ、完成したなら連絡ぐらいしてくれたっていいのに」と思い、打ち合わせをずっとしてきたメーカーの担当者へ電話をしました。すると電話に出た人は「そのような者は当社には在籍しておりません」とのことでした。

もちろん電話番号を間違えたわけではありません。私はメーカーの販売会社の課長に今までの経緯を伝えると、課長は憤慨し「私、実は販売会社の社員ではなく、メーカーからの出向社員なんですよ。ひどい話だなぁ。ちょっと本社に掛けあってみますよ」と言って帰りました。しかしいつまで経っても課長から連絡はありません。しばらくしてから風の便りで、課長は突然、メーカーの別法人の旅行会社に転籍になったそうです。

私の知り合いの社長は、ある巨大電機メーカーと提携しましたが、システムごとすべて奪われてしまいました。TVコマーシャルも頻繁に流れる大企業で、クリーンなイメージもあったので、社長は契約書を細かくチェックしていなかったそうです。

ある日突然、電機メーカーから連絡がありました。

「今まで貴社の代理店としてシステムを販売していましたが、代理店契約を解除いたします。これからは当社がメーカーとなり販売を継続していきます。貴社が作られたシステムはすべて当社に移管されます」

社長は困り果て、契約書を持って弁護士に相談に行きました。すると弁護士は「これじゃあ裁判をやっても無駄です。これでは勝ち目がありませんね」と言われたそうです。

大企業の法務部は法律の専門家です。自社に都合がいいように作成します。あえてわかりにくくするということもあるでしょう。

ですから、我々は大企業との契約には必ず弁護士に確認してもらうことが必要です。大企業に勤めている人、担当者はいい人なのかもしれませんが、大企業は非情なのです。何でもするのです。

金融機関との付き合い方

――銀行選びは慎重に

小さな会社の場合、銀行口座をつくるのも一苦労です。相手にしてくれる銀行はほとんどありませんし、最近は口座を詐欺に使われるのではないかと疑われることもあるでしょう。とはいえ銀行口座なしで会社経営をするわけにはいきません。

多くの社長は、会社が小さいのに、格好がいいからと首都圏のメガバンクに口座をつくろうとしますが、これは止めた方が賢明です。

というのも、年商1億円以下の会社だとメガバンクからみるとゴミみたいな会社だからです。担当者も会社にはほとんど来ませんし、情報も教えてくれません。たいていは新入社員の練習の場としてあなたの会社は利用されます。

会社を設立してすぐなら、まず信用金庫や信用組合で口座をつくるべきです。信用金庫なら紹介がなくても口座開設がスムーズですし、あなたの会社も重要なお客様です。融資の依頼をしても親身になって相談にのってくれるでしょう。会社を設立して、数年が経っているなら地方銀行でもよいでしょう。

小さな会社でも小さな金融機関の小さな支店なら優良顧客として大事に扱ってくれるかもしれません。世間体だけを考えてメガバンクに口座をつくるのではなく、身の丈に合った金融機関とのお付き合いの方がずっと実利があるのです。

――無借金経営の罠

資金繰りに追われる社長は多いですよね。そのつらかった記憶のため「無借金経営」を目指す社長がいます。また無借金であることを誇る社長もいます。果たして無借金というのはよいことなのでしょうか？

結論から言いますと、無借金経営というのは非常に危険な賭けです。手持ち資金がたくさんあり、借入の必要がなかったとしても銀行からは必ずお金を借りておくべきです。

会社経営というのは、いつどんなことが起こるのか誰もわかりません。突然、トラブルに巻き込まれ、お金が必要になることもあるでしょう。

そんなときに重要なのが銀行とのパイプです。銀行もお金を借りてくれてきちんと返し続けてくれた会社なら信用できる会社と見てくれます。信用の蓄積です。だから困ったときには相談にのってくれるでしょう。

無借金の会社は銀行と融資の付き合いがありません。ですから、もしお金が必要になったときには銀行の融資窓口に並ぶことになります。正直言って、取引口座くらいしかないような会社の社長が銀行の融資窓口に行ったとしても、話は聞いてくれるでしょうが、たぶん相手にはされないでしょう。

銀行からお金を借りるのは会社経営を行う上での「保険」なんです。銀行からお金を借りると金利を支払わなければなりません。

しかし、たいした利息ではありませんよね。万一のことを考えれば安い保険料です。

だから中小企業はお金があってもなくても銀行からお金を借りておきましょう。また薄く広く、いくつかの銀行からお金を借りておくべきです。複数の保険に入っておくのと同じ理由です。

会社は赤字では倒産しませんが、現金がなくなったときは黒字でも倒産します。だから銀行とはうまく付き合っておくべきです。

怒られるかもしれませんが、無借金経営の社長というのは、「お金を借りてまで事業を大きくしたくない。今の事業に投資すべきものが見つからない」という人だと私は考えています。

――銀行の融資窓口に立ったら負け

赤字が続き経営が苦しくなってきた、資金繰りが厳しいということで、銀行の融資窓口に行き、担当者に洗いざらい会社の状況をお話しする社長がいます。誠意を伝えたい、銀行にきちんと話したいというのはわかります。

しかし、これは大きな間違いです。勘違いしないでください。銀行は救済機関でも支援機関でもありません。銀行は、あなたの会社にお金を貸して金利という利益で商売している「会社」なのです。

ですから、資金繰りに困って銀行の融資窓口に相談をしに来る社長にはお金を貸しません。

当たり前ですよね。金利をもらえない可能性がある、貸したお金が返ってこなくなる可能性もあります。そういう会社には、銀行でなくてもお金は貸しません。あなたもお金を払わないかもしれない会社に商品を販売したりしないですよね。

銀行も同じです。銀行になんでもかんでも洗いざらい相談したために、今まで貸したお金も全部返してくれと言われる可能性さえあります。銀行にウソをつくのはダメですが、言いたくないことまで言う必要はありません。銀行に洗いざらい相談するというのは完全にNGです。

こういう資金繰りの相談は誰にすればいいかというと、まず税理士に相談します。税理士から銀行を紹介してもらいましょう。

税理士も昔のように税金の申告だけではお客さんが逃げていってしまうので、今は様々なサービスをしてくれます。銀行を紹介してくれる税理士や銀行交渉に付き合ってくれる税理士もいます。

ただ、税理士も様々ですから、そもそも融資についての知識がほとんどない税理士もいます。税務申告しかやりたくないという税理士もいます。もしこうしたお金の相談にのってくれない税理士ならば、融資に強い税理士に変更した方がいいでしょう。「融資アナリスト」の資格を持っている税理士なら安心です。

税理士の顧問料は安い方がいいという社長もいますが、こういうときに力になってくれるかどうかが実は顧問料の差なのです。きちんとした税理士は税金以外の知識や人脈も豊富ということです。

もし顧問をしてもらっている税理士がダメなら、知り合いで「儲かっている社長」から銀行を紹介してもらうという方法もあります。優良顧客から紹介された場合には、銀行もむげには断れませんから話をきちんと聞いてもらえると思います。

とにかく、銀行の融資窓口に立ったら負けということです。

――信用調査会社の先に銀行がいる

会社を立ち上げてしばらくすると帝国データバンクや東京商工リサーチといった信用調査会社から財務内容の問い合わせが来ます。

「税務署ならともかく、信用調査会社は民間の企業なんだから答えなくてもいい」

こんなことを言う人がいますが、これは大きな間違いです。必ず返答すべきです。

なぜなら銀行は融資の案件が上がった場合、こういった信用調査会社でまずどんな会社か調べてみるからです。

「でも会社の業績がよくないから、信用調査会社には回答したくない」

気持ちはわかります。

しかし、銀行は信用調査会社に問い合わせたときに、財務内容を開示していない会社には基本的にお金を貸さないのです。

銀行はお金の貸出先には全然困っていません。いくらでも貸出先はあるんです。別にあなたにお金を貸さなくても銀行は倒産しないんです。

信用調査会社に正直に答えるかどうかは別として、少なくとも返答しないというのは止めておいた方が賢明です。

短気は損気、じっくり粘り強い交渉を

社長、特に創業者はせっかちというか、気が短い人が多いと思います。私もすぐに結論を出そうとしますし、相手からの結論も急ぎます。

小さな会社の場合、意思決定が速いというのが長所ではありますが、それをそのまま大きな会社に当てはめてはいけません。大きな会社というのはなかなか結論が出ませんし、契約に至る道のりが非常に長いのです。

あるとき、銀行系の大手システムメーカーからデータ保管のシステムを当社の税理士ユーザーへ販売して欲しいという連絡がありました。その後、数カ月間システムを検証しましたが、さすが銀行系のシステムメーカーです。よくできています。

そこで販売契約を交わすことになりました。先方からは早速、契約書が送られてきました。契約書には「フリーウェイジャパンが販売先とトラブルを起こした場合には

フリーウェイジャパンが全責任を持つ」。

ふむふむ、それはそうでしょうね。目を疑ったのは次の項目。

「当社のサーバやシステムが停止して、そのために顧客に迷惑をかけた場合にはフリーウェイジャパンが全責任を持つ」

なんだこれは。

「ええっ、なんでうちが作ったシステムじゃないのに全責任を持つの？　あっそうか。これ甲と乙を間違っちゃったんだな」

そう思い、先方の担当者へ電話しました。するとさらりと言われました。

「いいえ、正しいです。うちの法務部がきちんとチェックしていますから。全責任はそちらでお願いします。うち銀行系なので責任とれないんですよ」

では全責任ってどの程度なのですかとお聞きすると「無限です」とのこと。私は頭にきて「だったら契約しません。さよならー」と電話を切ってしまいました。

実は大企業の場合、ここからが契約交渉のスタートなんですね。当時の私はそれを知らずに勝手に頭にきて、破談にしてしまいました。これで数カ月の検証時間や作業がすべてパーになってしまいました。

カチンと来ることがあっても、大企業との契約はじっくりと粘り強く交渉をすべきです。大企業は我々のように1日も早くという人たちではありません。短気は損気ということです。

取引先の利益も考える

ある小さなソフトメーカーのお話です。そのメーカーはソフトを開発しましたが、販売力がありませんでした。

そこで社長は、知り合いの会社、数社にソフトを販売してくれないかと打診しました。すると、そのうちいくつかの販売店が取り扱ってくれることになり販売が開始されました。初めは少ししか売れませんでしたが、販売店が地道に広告を打ってくれたため、徐々に売上が上がっていきました。

その後、同社のソフトが人気だという話を嗅ぎつけたいくつかの販売会社が、取り扱いをさせてくれとメーカーに連絡をしてきました。メーカーの社長は大喜びです。多くの販売店と契約を結びました。

しかし、面白くないのが立ち上げ当初からソフトを売っていた販売店です。

「うちが広告をずっと出してきたからソフトは売れたんだ。広告も出さない販売店とうちの仕切り値が一緒なんておかしい」

メーカーの社長に文句を言いました。

しかしメーカーの社長は取り合いません。

「うちにとっては、古くからの販売店さんも新しい販売店さんも利益は同じです。ですから、昔から売っていたということで仕切り値を下げるのは、平等ではありません。うちにとっては、たくさん売ってくれる販売店さんがよい販売店さんなんです」

とキッパリ。その後も販売店は増え続け、ついに価格競争が起こりました。

「A社が2割引なら、うちは3割引だ」

こんなことが連鎖し、ついに5割引にまでなりました。当初は利益がたくさん入るからとソフトを扱っていた販売店はたくさん売っても儲からないので、1社また1社と去っていきました。

また古くからの販売店は、一所懸命に営業しても、価格の安い他社に販売されてしまうならバカバカしいと広告を出すのを止めてしまいました。するとソフトはどんどん売れなくなり、メーカーはついに倒産してしまいました。

これは実際にあった話ですが、こういうことはよくある話なんです。

「メーカーとしては誰が安売りしようが、広告を出そうが、営業マンを雇おうが、仕切り値は一緒なので粗利には一切関係ない」

こんなふうに考えてしまうからこういうことになるのです。

少しでも多くの利益が欲しいというのはわかります。

しかし、会社経営は欲をかき過ぎないということも重要なのです。

ではどうしたらよかったのか?

小さな会社の場合には、特別なルートを持っている販売店や独自の販売方法で売っている販売店などは販売形態別に契約をしてしまうという方法があります。また地域別にあなたのお店はこの地域にだけ販売してもいいですよという地域別独占契約でもよいかもしれません。

小さな会社と言えどメーカーは儲けることと同時に、販売店の利益も考えなければなりません。販売店は儲からないとわかったら一斉に去っていきます。

資金力が豊富な大企業なら広告をバンバン出して販売店が売りやすい環境をつくるという方法もありますが、小さな会社がこれを真似すると会社がなくなる危険性があります。小さな会社はメーカーと販売店の共存共栄で会社を伸ばしていきましょう。

類似の商品がないものはなかなか売れない

当社では全国の補助金・助成金を検索するというパソコンソフトを作ったことがあります。そのソフトは評判がよく、大手の保険会社にも次々と導入されました。私は流通を通して一般の企業にも販売したらもっとたくさん売れるのではないかと思い、ソフトバンクに相談しました。

当時、類似の商品がなかったため、私はソフトバンクの人に、「これは今までなかったカテゴリーの商品だからきっと売れますよ。パソコンソフトコーナーの一番目立つ場所に置きますよ！」なーんて言われると思っていました。

しかし予想に反して担当者は渋い顔です。

「井上さん、類似のものがない商品って売れないんですよ。人はいくつかのソフトを見比べて買うんです。一種類しかないソフトって比較のしようがないから売れないんですよ」

「そんなバカな。資金繰りで困っている社長は多いはず。だからこういうソフトを待ち望んでいるはずだ！」

ソフトバンクの担当者を説得し、販売を強行しました。そして結局、惨敗しました。

人間は自分がわかる範囲でしか調べないし、興味もない。今やっていることをいかに改善するか、今までとちょっとだけ違ったものが食べたいという具合に自分の今までの経験の範囲内で判断します。だから斬新なものほど、人の目には飛び込んでいきません。

ソフトバンクの人が言うように、比較すらできないものは買わないのです。大企業なら広告にお金をつぎ込むといった方法もありますが、小さな会社にはそれはできません。

だから小さな会社は、新しいカテゴリーの商品を作ったら、似たようなカテゴリーに区分されるようにしてしまい、いろいろな人の目に留まりやすくなる方法の方が賢明のようです。

人脈は儲けさせてあげることで増えていく

ある日、当社に「電気の基本料金を下げる機械」というものを売りに飛び込みセールスの人がやってきました。調べてもらうと電気料金が年間数千円安くなるとのこと。年間数千円ではたいした節約にもなりませんし、ビルの大家さんに機械の取り付けの許可をもらうのも面倒です。私はスミマセンとお断りしました。

そのときに私は「こういうの儲かるんですか、他にも何かご商売されているんですか」とお聞きしました。

すると彼は「実は私、ガソリンスタンドのコンサルタント会社を経営しているんですが、景気が悪くなり、ひとりまたひとりと会社を去ってしまいました。今、会社は社長の私ひとりだけなんです。その私もコンサルティングだけではなかなか食べられなくて、こういうサイドビジネスをしているんです」と言っていました。それから、少しだけ会話のやりとりを行いました。

私　「そうですか、社長だったんですか。ところで、どこか大きい会社の知り合いはいらっしゃいませんか。クラウドによる社内システムの提案をしたいのですが。もしそれが売れたら社長にもお金を支払えるんですが」

社長「それならばガソリンスタンドではなく、元売り会社なら一社だけあります。最近は疎遠になっていますが」

私　「そうですか、では3日後にまたいらしてください。提案資料を作っておきますから。もちろん儲かったらお金を支払います」

私は、ガソリンの元売り会社のシステムなんて作ったことはありませんが、何となくこんな感じかなと提案資料を作り、3日後その社長にお渡ししました。社長が提案資料を持って行くと元売り会社の方が興味を示し、詳しい話を聞きたいとのことです。結論から言うと結局、一緒に行ってお話ししましたが先方の規模が大きいため、この提案はダメでした。

しかしその後、私は元売り会社から違う仕事を依頼され、お金を頂戴しました。もちろん、先ほどの社長にはその何割かのお金を支払いました。

その後、社長はこの件によって元売り会社とまたパイプがつながり、今はこの元売りの看板をつけている全国のガソリンスタンドの車検コンサルティングを一手に引き受けているそうです。

このように、人と人とのつながりというのはパーティなんかではなく、飛び込みセールスからもつながるのです。


ある保険代理店のＴＯＰだった人がこんなことを言っていました。

「井上さん、保険の契約ってギブギブギブギブギブ、アンド、テイクなんだよ。いろいろなことをたくさんしてあげてやっと信頼が芽生えるんだよ。信頼が芽生えると保険に入ってくださいなんて言わなくても自ら保険に入りたいとお客様の方から連絡が来るんだよ」

よい人脈をつくりたいならまず、相手のために働いてあげること、儲けさせてあげることなのです。

やばい社長は人脈でわかる

初対面だとなかなかその社長の人柄を見ぬくことはできません。本当はこちらをだまそうとしているのかもしれませんが、人当たりがよかったりすると、ころりとだまされてしまいそうです。紹介者がいれば、どんな人なのか聞くこともできますが、紹介者がいない場合にはなかなかいい人かどうか見分けるのは難しいものです。

しかし、ひとつだけ方法があります。

それは、次のように聞いてみることです。

「社長は10年以上付き合っている社長と今でも呑みに行くことはありますか。そういう人は何人ぐらいいますか」

その社長が創業者ならば、これでわかります。10人以上なら合格です。なぜこんなことを聞くのかというと、やばい社長というのは短期的な収益だけを求めるために数年で付き合わなくなるという人が多いからです。

「昨年は毎日のように会っていた社長なのに、プロジェクトが終わったらその人から全然、連絡が来なくなった」と言う社長もいました。ビジネスの終了とともに縁を切られたのかもしれません。

質問のもうひとつ。「呑みに行くことはありますか」となぜ聞くのかというと、付き合いの深さを知るためです。親しい人とはビジネスを超えて、相手をもっとよく知りたいと思うはずです。この人はもっとアイデアがあるのではないか、何か違うアライアンスもできるかもしれないと。たとえ下戸の社長でも烏龍茶で付き合ってくれるはずです。

親しいけど呑んだことはないというのはたぶん人脈ではありません。会ったことがあるといった程度の上っ面の付き合いです。

やばい人、危ない社長はあなたを「食べ物」だと思っています。

「こいつと付き合って儲けよう、儲からなくなったら捨てちゃえばいいさ」

こういうやばい人と付き合うと生き血を吸われて、はい終わりです。

あなたも覚えがありますよね。突然、連絡してこなくなる社長。そう、あの人がやばい人なんです。

もっともらしいことを疑う

日本では本音と建前、ホントとウソが混ざり合った情報がいたるところに流れています。会社を経営するには、こうした多くの情報から真実をつかみ取らなければなりません。

その中で一番やっかいなのは「もっともらしいこと」。

「そんなの常識だよね、当たり前だよ」というものが社長の目を曇らせます。

小さな会社はこの「よく調べるとホントは間違っているけど、世の中では当たり前とされているもの」に注目してみたらいかがでしょうか。

当たり前の中にビジネスチャンスが隠れているかもしれません。

——誰も疑わないことは結構怪しい

突然ですが、あなたは日本の食料自給率をご存じでしょうか？

農林水産省の統計資料を見ますと、生産額での日本の食料自給率は65％です（令和4年度）。イタリアやイギリスなどよりずっと高い数値です。

「あれっそんなに高かったっけ、日本の食料自給率はずっと低かったはず」

こう思われた方も多いと思います。実は農林水産省では世界に公表している世界基準の数値とは別に、計算方式を変えて国内向けには38％と発表しているのです。

ではどういう計算方式をとっているかというと、日本向けには食料の「カロリー」で計算しています。日本人の多くが食べている米や野菜、魚などは総じてカロリーが低いですよね。日本人はチーズや牛肉をがんがん食べる人種ではありません。食料自給率を低く見せるには、カロリーで見せればいいと農林水産省は考えました。

農林水産省は現在6兆円の補助金を農家の人たちに支払っています。もしこの補助金がなくなってしまったら、補助金を出すための部署の人たちの仕事がなくなってしまいます。農家の人たちに自分たちの言うことを聞かせることもできなくなります。また、農林水産省はあまり国にとって重要な仕事をしていないと思われたら、予算が削られ関連団体がなくなってしまうかもしれません。もしそんなことになったら天下り先もなくなってしまいます。だからごまかすわけです。

また誰にも伝えなければ真実かどうかを議論されることもありません、韓国が2006年にパチンコを全面禁止したのを知っていますか？　韓国に1万数千店あったパチンコ店が一斉に廃業になりました。何兆円もの産業がいきなりなくなったわけですから大きなニュースですよね。

しかし、これを報道した日本のマスコミはありません。こんな報道をしたら日本のパチンコ業界が危機に陥り、パチンコメーカーからの広告がとれなくなります。だから報道はしません。当時なぜか、パチンコメーカーのTVコマーシャルが頻繁に流れたことを思い出します。

――日本人は集団行動が得意？

スポーツでは、侍ジャパン、サムライブルー、なでしこジャパンなどの名前を付けて、これらのチームを日本人はみんなで応援します。私もＴＶの前でいつも声援を送っています。

「日本人は体格の差もあるからやはり世界の舞台ではダメなのかな。競技人口が少ないのかな」などと思うこともありますが、いいえ、そんなことはありません。

我々は、漠然と日本人というのは団結力が強く、みんなの力を結集して何かを行うことが得意な民族だと思い込んでいますが、実は日本人は人と一緒に力を合わせて行うことが苦手なのだと思います。

逆に、日本人は個人で行うことにはすばらしい成果をたくさん上げています。スポーツでは個人競技ならば世界で活躍している選手もたくさんいます。日本人で金メダルをとるのはほとんどが個人というのがそれを物語っています。集団競技でも個人個人が集まるもの、たとえばジャンプ競技の日の丸飛行隊、男子の体操団体戦などでは大活躍しています。また、技術の分野ではノーベル賞をもらっている日本人もたくさんいます。つまり、日本人は個人の能力では世界レベルということなのです。

あくまで私見ですが、実は個人主義と言われている外国人の方が集団行動が得意なのではないでしょうか。外国人は「個人行動が好きなんだけど集団行動が得意」、日本人は「集団行動が好きなんだけど個人行動が得意」なのだと思います。

そう考えてみると社内での事業や新規のプロジェクトなどは、チームをつくって話し合うといった合議制ではなく、ひとりの「できる社員」に任せて、あとの人たちはすべてフォローにまわるといった形が日本人には合うのかもしれません。

日本ではみんなで上下関係なく話し合ったり、会議では平等に意見を出し合うということが常識になっています。

みんなの意見を聞く、みんなで頑張ろう、チーム一丸となって戦うというもっともらしいことが、実は会社の成長を邪魔しているのかもしれません。

――それは本当に当たり前なのか？

私の知り合いで抜群に頭のいい人が、営業会社に就職したときのことです。電話をかけてアポイントをとりコピー機を販売するのが仕事です。

なお電話番号のデータはパソコンに登録されていて、パソコンを見ながら電話をかけます。パソコンには電話番号だけでなく、顧客情報、つまりキーパーソンは誰それとか、社長は朝＊時くらいに出社するといった細かい情報も書き込まれています。

彼は入社した日に、上司から仕事の説明を受けました。

「このパソコンに登録されている情報を使って、電話をしてください。そしてアポイントがとれたら私のところに来てください」

しかし、彼は椅子に座ったまま全然、電話をせずに周りをキョロキョロ見ています。

上司「どうしたんだ。早く電話しろよ」

彼　「いいえ、今日はここに座って先輩方がどんなふうに電話しているのかを見させてください」

上司「なんだと、いいかげんにしろよ。情報はみんなパソコンに入っている。それを元にして、みんなたくさん電話をしてアポイントをとっているんだよ。電話もしてみないで何がわかるんだよ。おまえもとにかく電話しろよ」

しばらく押し問答が続きましたが、結局上司が折れて「じゃあもう勝手にしろよ」で終わりました。

そして次の日から彼は電話をしてアポイントをとり、コピー機の販売を開始しました。

結果は、なんと入社1カ月目にして先輩たちを追い抜き、部署でトップの営業マンになったのです。

なぜ彼は売れたのでしょうか?

それは空白の1日にありました。彼は1日中、売れる人と売れない人をずっと観察していたそうです。

すると売れない人はパソコンの情報を読んで、何時にはドコに電話する、キーパーソンの誰それを呼び出してもらうといったように計画を立てて電話をしていました。

では、売れる人はどうしていたかというと、パソコンに書かれている情報を一切見ません。電話番号だけを見て、ただひたすらに電話をしていたそうです。

結局、彼が出した結論は、パソコンの情報にとらわれず、とにかくひたすら電話をたくさんすること。電話をたくさんするには、いかに早く電話を切るかにかかっている。コピー機を買いそうにない人が電話に出たらすぐガチャ切りするということに気づきました。

結果、彼が電話する数は普通の営業マンの2倍以上だったそうです。

あなたは「顧客の情報をきちんと管理して、効率のよい営業をしろ」と社員に言っていると思います。営業の常識と言ってもいいでしょう。こういう当たり前のもっともらしいことは誰も疑いません。

しかし実は、この営業の常識が落とし穴なのかもしれません。

もっともらしいことというのは、みな疑問に思わないものです。だから盲目的に信じます。

小さな会社の社長は、大きな会社が気づかない半ば常識化したことに疑問を持つことが必要です。ニッチかもしれませんが、そこにこそ我々のビジネスチャンスがあるのです。

——結局、見た目だったりする

当社がソフトの販売店だった頃に、ある小さなソフトメーカーから商品を仕入れたときの話を紹介しましょう。翌日、その商品が届き絶句しました。20万円の商品にもかかわらず、ソフトは普通の茶封筒に入っていますし、マニュアルは安っぽいバインダーに綴じられていました。このままお客様に納品するわけにもいかず、仕方がないので事務用品店で、ソフトを入れるための綺麗な箱と高級そうなバインダーに入れ替えて納品に行きました。

お客様はあなたの会社がどんな会社なのかを知るのはどういうときでしょうか。会社がどこにあるのか、社内がどんな様子なのかわざわざ会社に見に来る人はいませんよね。

ホームページや商品のパッケージ、チラシやカタログでどんな会社か判断するのです。ダサいチラシならこの会社大丈夫かなぁと思うでしょうし、貧乏臭いパッケージなら商品も粗悪品じゃないのと思ってしまいます。なんだかんだ言っても見た目は大切なのです。

小さな会社はデザインにお金を渋ります。紙や印刷と違ってデザインは人によって価格が全然違うからです。なら少しダサくても安い方がいいやとなります。

私は社員がまだ数人の頃、チラシの表裏、2頁分の広告デザインが30万円という高額なデザイナーに頼んだことがあります。このデザイナーは仕事がひっきりなしに来る人気のデザイナーだそうです。かなり悩みましたが、ものは試しと依頼してみました。大正解でした。大手の広告と遜色ないものができ上がりました。もちろん売上も伸びました。

小さな会社ほど見た目が大切なのです。綺麗なデザイン、素敵な広告はあなたの会社を大きく、すばらしく見せてくれます。

――素敵な写真が社長をすばらしい人に見せる

ある公認会計士から優秀な弁護士を紹介していただきました。当時、その弁護士は30歳半ばで、ＴＶにもよく出演されていて、事務所も勤務弁護士と職員を合わせて80名という大所帯です（本書発行時点では２５５名）。

私は聞きたがりということもあり、打ち合わせもそこそこに「先生はどうして、こんなに大きい事務所になったんですか」としつこく聞きました。

いくつかお聞きした話の中で、なるほどと思ったものがあります。

「私はメディアも含めて、自分がどう見られるかということを常に意識してきました。弁護士といったら私の顔が浮かぶような存在でありたいと思っています」

ご自身の写真にも気を配り、先生は事務所に著名な写真家を呼び季節ごとに自分の写真を撮っているそうです。

私もメディアに露出することも多くなったので、ちょっとスゴイ人にカッコイイ写真を撮ってもらいたいという欲が出てきました。聞くところによると撮影料金はだいたい20万円とのことなので、一生もの（?）と考えれば安いと思い、知り合いのツテをたどって『週刊朝日』（現在は休刊）などのメジャーな雑誌の表紙や芸能人の撮影もしている有名な写真家の人を紹介してもらいました。

とはいえ正直、そんなに期待はしていませんでしたが、「写真家」は違いました。撮影時間は2時間。春夏秋冬と服も着替えたりして１００枚以上の写真を撮ってもらいました。アングルやライトのあて方なども微妙に変化させてすばらしい写真（とはいえ被写体の問題は残りますが）になりました。

結論から言うと、小さな会社の社長は優れた写真家に美しい写真を撮ってもらうべきだと思います。なぜなら小さな会社は「社長自身が商品」だからです。結局なんだかんだ言っても、人は見た目なのです。価格は少し高いですが、一度いい写真を撮ればしばらくの間は様々なことに使い回しできますから、近所の写真館や雑誌などのフツーのカメラマンではなく有名な写真家に撮影してもらうことを強くお勧めいたします。

ちなみに私が撮ってもらったのは馬場道浩（東京都）という写真家です。お問い合わせのときにフリーウェイジャパンの井上の本で読みましたと言えば少し安くしてくれるかもしれません（笑）。

検索：馬場道浩　馬場写真事務所　http://www.baba-m.com/

チャンスの女神には長い後ろ髪がある

「チャンスの女神は前髪しかない」という言葉をよく聞きますが、私はそんなことはないと思います。チャンスの女神にはかなり長い後ろ髪がある気がします。

私は起業した当時、いくつかのビジネスを行っていました。今でこそクラウドシステムの仕事をしていますが、自分自身の事業優先順位では3位くらいの位置づけでした。ですからシステム開発の仕事は、前職の後輩たちが私に仕事を依頼してきたときにしかやりませんでした。

しかし、なぜか次々とシステム開発の仕事がやってきます。お金がないこともあり、仕方なくやっていた感じです。これが、結局ずっと続いていき今があるのです。ちなみに事業優先順位1位と2位の仕事は数年で消滅してしまいました。まさか当社のメイン事業がシステム開発になるとは起業当時、夢にも思いませんでした。

論理的じゃない話は好きではないのですが、チャンスの女神は何回も訪れる気がします。チャンスの女神は手を替え品を替え、「これやんなさいよ、あんたにピッタリなのよ、この仕事は、ほら、ほら、ほら」とやってきます。

むしろ「1回こっきりで、これを逃したら……」みたいな仕事はチャンスというより、ヤバイ仕事のような気がします。

会社経営の成功不成功がたった1回のチャンスで決まる、なんてことはありえません。チャンスは何度も訪れるのです。

――チャンスを逃さない勘を育てる

ビジネスをしていて勘が働くことがあります。これはいけそうだ、これはたぶんダメだなという「勘」です。勘をよくするためには経験が必要です。こうしたときはうまくいった、あのときはダメだったという経験です。ただ経験は何かしない限り増えてはいきません。ですから自分の意志で勘をよくするための方法は知識を学ぶということになります。人が学んだこと、人が経験したことを本から吸収するのです。知識が増えれば増えるほど勘が当たる確率は高くなります。チャンスも知識があれば、迅速につかみとることができます。

逆に知識がなければチャンスとすら気づかないこともあるでしょう。「スゴイチャンスじゃないか」とあなたが言ってもピンと来ない人っていますよね。それは、その人の勘の量よりあなたの勘の量が多いからです。

ゆえにどんな知識でもいいですから、とにかくたくさん知識を身につけることが重要です。知識は知識を呼び、結びつくことによってどんどん広がっていきます。

ある本で「天才と普通の人を分けるのはたったひとつの知識を知るか知らないか」というのを読んだことがあります。

左の図を見てください。たとえば3つ知識を持っている人は知識のつながりパターンは3個ですが、4つの知識を持っている人は6個のつながりが生まれます。5つの知識なら10……とどんどんつながりが増えていきます。天才レベルの知識を100万

知識量が多いほど、たくさんの「つながり」を生み出せる

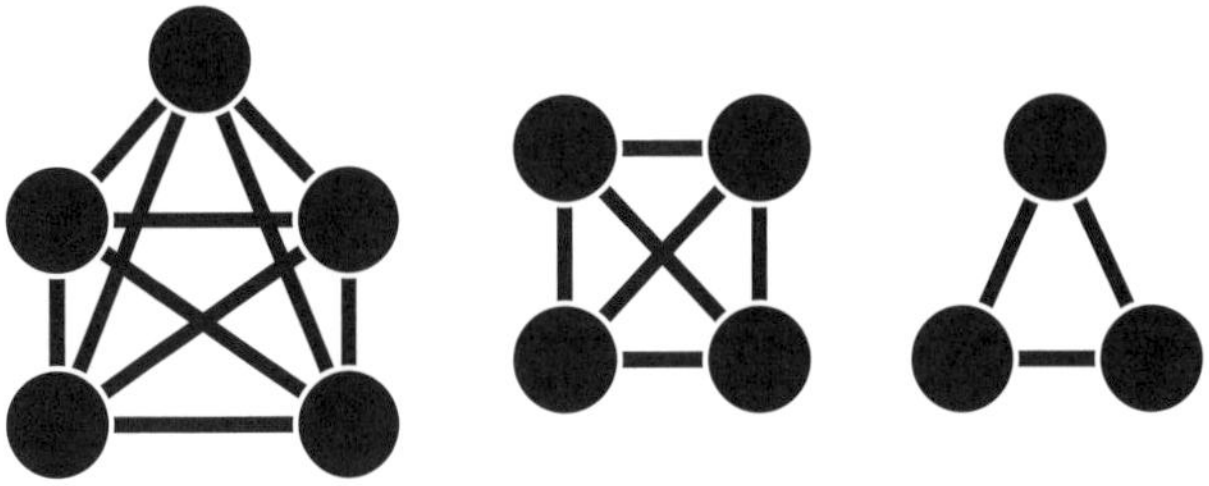

5つ知識を持っている人

4つ知識を持っている人

3つ知識を持っている人

個だとするとたったひとつの知識の違いは知識の結びつきの数が相当な差になるという話でした。

本はあなたの業界とは直接関係ないものでもかまいません。

たくさんの知識を学ぶことによりチャンスが見えるようになり、勘も働くのです。

第5章

本質を見つめ、本質を考え、本質をつかめ

私はいつも「本質は何か」ということを考えて仕事をしています。ビジネスで問題が起こっても、マーケットに異変があっても、本質がわかっていれば何らかの対応の方法はあります。

本質と言っても何か難しいことを言っているわけではありません。

本質を考えるというのは、根っこの部分はどこにあるのかを考えることです。

人間は感情に左右されやすく、自分が期待する情報だけを信用するといった面もあり、冷静に物事を判断できないことがよくあります。

しかし、重大な局面では、慎重に「本質は何だ？」「本質はどこだ？」と自分に問いかけて判断することが重要です。

怒りが本質を見失わせる

当社でプログラマを採用したときの話です。

彼は入社した月こそ、数日休んだだけでしたが、次の月からは1週間、その次の月は2週間、そして最後の月は数日会社に来ただけでずっと休んでいました。その間は仕方がないので、知り合いに頼んだりして何とか開発を行いました。無断欠勤もあり、こちらから電話して身体の具合を聞いているような状態が続き、ついには電話をしても出なくなりました。携帯電話はもちろん家に何回電話をしても誰も出ません。

それでも毎日電話してようやく夜中になって電話がつながりました。電話に出たのは奥さんです。奥さんは「まだ帰ってきていませんけど。毎日、会社には行ってますよ」とのこと。

そこで奥さんに「会社を無断欠勤でずっと休んでいます。今まで払った給与は返さなくていいですから、もう会社に来なくていいです。解雇と伝えてください」とお話ししました。

そして数週間後、労働基準監督署から連絡が当社に来ました。未払い給与の件で聞きたいことがあるから出頭せよとのこと。私はほとんど会社に来ない彼にも満額の給与を支払っていましたから、胸を張って労働基準監督署に行きました。

すると担当の方が出てきてこう伝えられました。

「井上さん解雇予告手当が支払われていません。残業代も未払いです」

そもそも会社に来ない奴が残業なんてしているはずがありません。解雇予告手当も含めて百数十万円を支払えというお話です。

私は、会社に来ない、無断欠勤を繰り返す彼のために人も雇い、働いていない日まで給与を支払ったんですと言うと「それは民事ですから関係ありません。ここにハンコ押してください」と言われました。

「ここにハンコを押すのはどういう意味ですか。認めたということではなく、あなたの話を聞いたというのならば押してもかまいませんが」

それに対し、労働基準監督署の方は「ハンコ押してください」。

ずっとこれを言い続けます。もう一度、念を押しハンコを押して帰りました。会社に戻り、顧問の社会保険労務士にそれを伝えると「一応、労働基準監督署に電話して、私が確認してみます」とのこと。

こうして、社会保険労務士が電話すると突然のことで驚かされました。

「井上社長は納得してハンコを押されました」

労働基準監督署の方はこのように言い切ってくるのです。

その後、労働基準監督署に何回も足を運びましたが、ラチが明きません。こうなったら戦いです。

ある人から日本で一番実力があり、労働争議に強いという社会保険労務士を紹介してもらいました。労働関連の本を何冊も読みました。違う労働基準監督署にも相談に行きました。すると何とか道が開けてきそうです。

「よしっ、これなら勝てる！」

そう思ったときにふと「今回の問題の本質は何か？」ということが頭をよぎりました。

私は頭に血がのぼり、とにかく労働基準監督署に勝つことだけを考えていました。本質は何かということを考えていなかったのです。

私は次の日に労働基準監督署へ行き、こう伝えました。

「わかりました。ではこの百数十万円を彼に支払います。当社に落ち度があったことを彼にお詫びし、会社がもっとよくなるためにはどうしたらいいのか彼からアドバイスをもらいたいので、お金の支払いは手渡しにしたいと思います」

これで労働基準監督署とは円満解決です。そして彼にはお金を取りに来て欲しいという内容証明と彼が休んでいるときに手伝ってもらった人に払ったお金を支払えという「民事」の内容証明を送りました。

結局、彼は会社にお金を取りに来ることはありませんでした。

今回の問題の本質は労働基準監督署と戦うことではなく、働いていない奴にお金を支払わないということだったのです。何とか論破してやろうと躍起になっていたことが、本質を見失わせていたのです。

後日談ですが、彼は車に轢かれたといっては保険会社に何度も保険料請求を行い、保険会社からもブラック扱いされていたそうです。

経営の本質とは、社長の生き方

私はセミナーや講演会などがあまり好きではないのですが、ある税理士に勧められ哲学者で東海大学名誉教授の四竈《しかま》正夫《まさお》先生の話をお聞きしました。一番印象に残ったのがカンニングのお話です。

あるとき、四竈先生は、カンニングをした生徒を落第させようとしました。そのときに、同僚から「カンニングは悪いですが、落第までさせなくてもいいんじゃないですか。先生も学生のとき、カンニングくらいしたことがありますよね」と言われたそうです。

四竈先生は、同僚を烈火のごとく怒ったそうです。

「俺は生まれてから一度もそんなことをしたことはない。ずるいことをしてまで自分の成績を上げようなどと一時も思ったことはない」

感銘を受けました。これは四竈先生の哲学なんですね。「ずるいことをするのは自分の生きざまに反する行為。だから絶対にしない。死んでもしない」

これが彼のルールなんです。

「経営理念って会社経営では一番重要ですよね」という人がいます。しかし、私は会社が小さいうちは経営理念なんていらないと思っています。すばらしい経営理念なのに倒産してしまった会社は数知れません。また経営理念によいことが書かれていても、経営理念とは真逆のことをしている社長にもたくさん会ってきました。

たぶん経営理念というのは、先ほどの四竈先生の「ずるいことはしない」というような、自分自身のルール、哲学なんだと私は思います。

本人が心の底から「こうだ」と湧き上がるもの、哲学がない限り、経営理念なんて絵に描いた餅だと思います。

営業の本質とは、サプライズ

ブルーオーシャンがどうのこうの、フレームワークがあーだらこうだらといろんな本がありますが、儲かる方程式なんていうものが本当にあるのか、甚だ疑問です。

この本はマーケティングの本ではありませんから、こういう話はそういう先生方にお任せするとします。


ではさて、営業の本質、販売の本質とは何でしょうか？

私が学んだこと、それは「サプライズ」です。

「いかにお客様をビックリさせるか、面白がってもらえるか」

実はこれが営業の本質だと思うのです。

もちろんマーケティング的にはいろいろあるんでしょうが、サプライズを受けた人間は、みんなにそれを自慢したがるのです。ドヤ顔をしたいんです。「ほらスゴイだろ、ビックリしただろ、そんなお店を知ってる俺ってスゴイだろ」と言わんばかりに。

「ビックリするほど安いのもサプライズではないか」という人もいるかもしれませんが、残念ながら値引きや安さでは人に感動を与えることはできません。

そして、人に感動を与えるのは、何も店のつくりやプレゼントだけではありません。比較にならないぐらいよくできているというサプライズもあるでしょうし、とんでもなく業界に詳しい、とてつもない人脈があるという「モノ」以外のサプライズもあるでしょう。

成功している会社にはこうしたサプライズが必ずあります。

「どこでも売っているものをちょっと安い価格で、たいした知識もない営業マンが売る」

こういう会社、サプライズがない会社というのは遅かれ早かれなくなってしまうと思います。

「なぜ売れないのか？」を考える

会社を設立して30年以上ではありますが、設立してから10年間は社長と言っても営業マンです。他社よりもいい商品を、他社よりもずっと安い価格で売っていたのに、なぜか全然売れません。不思議なくらい売れません。説明して気に入ってくれたのに買ってくれません。なぜそうなってしまうのか、ずっと考えていました。

――買いたいけど買わない

あなたは様々な宣伝をしてあなたの商品やサービスのメリットを話します。商品はすごく気に入ってくれました。値引きもしました。おまけも付けました。でも買ってくれません。

インターネットならばサイトを作って様々なお客様の声を取り入れ、商品の申し込みページまで誘導します。お客様は、購入ボタンをクリックしようとしたときに、ある不安が頭をよぎりました。結局サイトを閉じて購入はしませんでした。さて何がいけなかったのでしょうか。

実は商品を売るには2つの要素があります。それは「メリット」と「状況」です。「メリット」に関しては言うまでもありません。あなたがずっとお客様に見せていた素敵なカタログや写真。あなたがお客様に熱意を込めて語った商品のすばらしさです。
では「状況」とは何かというとその人が置かれている立場や状態のすべてです。

・住んでいる場所や部屋
・勤めている会社や通っている学校
・友人や家族、恋人

こうした状況があなたの商品を買うのを戸惑わせているのです。

たとえばこんな感じです。

すばらしい家具だな。しかもこの価格なんてもう二度と出てこないかもしれない。これは絶対に買いだ。でも先月は結構お金を使ってしまったな。あと部屋が狭いからこの家具が入ったら廊下が狭くなってしまうかもしれない。それより奥さんにまたこんなの買ったのと言われるのが嫌だな……。

こういった具合に心が動いていきます。そして「買わない」という結論になるのです。

――「メリット」と「状況」は対立関係

我々はすぐに商品のメリットを伝えようとします。「この部分がいいんですよ。ほら、ここよくできてるでしょ」とセールスポイントをお客様に熱く語ります。

しかし、そのときお客様の頭の中は、この商品のことよりも、自分が置かれている状況を考えているのかもしれません。だから、そんなときにメリットや他のお客様からも大好評ですということを伝えても意味がないのです。

そんなこと言われたってお客様の状況なんてわからないよ。その通りです。だから、なかなか買ってくれないお客様には、「どこが気に入りませんでしたか。それとも何か他に理由がありますか」と聞いてみます。

お客様の本音、お客様が購入に踏み切れない理由、つまり「お客様の状況」を探し出さない限りお客様には売れないのです。なかなか買っていただけないからといって一本調子にメリットばかりをたくさん伝えてもお客様の心には響きません。だからお客様から「決断できない理由や状況」を聞いて、それに対して回答してあげるのです。

メリットと状況は綱引きをしている対立関係にあります。

あなたがお客様の状況を軽くしてあげることができれば、結果的にメリットの綱が引かれるのです。

――まっとうなことを言う

売れない営業の人はなかなか買ってくれないと、毎日電話をしたり押しかけたりします。また他社の悪口を言う人もいます。そうなるとお客様もどんどん意地になってあなたの商品を絶対に買わないでしょう。出入り禁止になるかもしれません。人は強要されたり指図されるのは好きではないのです。

販売時にお客様に話をすることは3つです。

それはあなたが信頼されるような話、商品のメリットの話、そしてまっとうな質問です。

まっとうな質問とは何でしょうか。

それはお客様が望んでいることをお客様自身の口から答えてもらう質問です。たとえば「今、使ってる商品の不満は何ですか?」「お客様はどんなふうになったらいいと思っていますか?」「今のままでその望みは叶いますか?」。こういった質問を投げかけます。商品の売り込みの質問ではありませんから素直に答えてくれるでしょう。

特に営業が煮詰まっているときに、こういう質問を投げかけると、今までひとつのことにこだわっていた心が開き、広い目であなたの言葉、あなたの商品を考えてくれると思います。

——すぐに売ってはいけない

売れない人の共通点は、すぐに売ろうとすることです。

たとえばあなたが「私は保険代理店です」と告げればお客様はこの人は保険を売っている人なんだとすぐにわかります。あえて保険を買ってくださいなんて言う必要はありません。その後はお客様とあなたが信頼関係を結べばいいのです。

安価なものは別として、商品を売るというのは信頼関係なのです。信頼関係がない人からお客様は物を買いません。もっと言えば、商品を売るというのは、商品のメリットとあなたの信用の合計値なのです。

でも信用なんてどうつくったらいいのとあなたは思うかもしれません。簡単です。

お客様に何回も会いに行けばいいのです。

そのときに自分の商品のメリットを語るばかりでなく、お客様の状況や情報を根掘り葉掘り聞いておきましょう。

次に行くときからは商品の説明をしません。もうお客様はあなたが何者か知っているからです。会話は前回聞いたお客様の話を思い出し、お客様が欲しがっていそうな情報を教えてあげます。これを何回も何年も続けます。でも、それじゃ今月売れないよという人が出てきそうです。

――売れない理由は見込み客が少なすぎるから

前職で私は常に見込み客が１００軒以上ありました。

見込み客と言っても会社に来店されたり、見積りを出したわけではありません。お客様から問い合わせがあったわけでもありません。近所の得意先から、あそこに新しい事務所ができたよ、と言われたのでご挨拶に行っただけです。

そんなの見込み客じゃないよと思われましたか。どんな商品でも信頼関係ができれば買っていただけるのです。だから見込み客なのです。

売れない人は、すぐに買ってくれないからと諦めます。もっと買ってくれそうなところに行こうと。しかし信頼関係がない見込み客はたとえ1000軒あっても売れません。

先ほど、私は見込み客が100軒以上あったと書きましたが、この100軒は信頼関係が構築できている百軒です。

当時、私のノルマは1カ月に3軒売ることでしたから、毎月100軒をぐるぐる回っていくだけで売れてしまうのです。もちろん他社の商品を買ってしまったと見込み客から言われることもあります。そのときは「リースが切れる5年後には、お願いしますね」と笑顔で言います。そして、また何食わぬ顔で、訪問を続けます。

そうです。今、5年後の見込み客が生まれたのです。

第6章

大きな会社にするために

最近は、大きな会社のＴＯＰと話をする機会が増え、様々な「気づき」を頂戴しています。とりわけ創業社長として叩き上げで大きな会社を築き上げた社長たちからは、たくさんのことを学ばせていただきました。

そして最近、会社を大きくする秘訣が何となくですが、わかり始めてきました。

本章では、ある程度で伸び悩む会社と突き抜けていく会社の違いについてお話ししたいと思います。

大きくなる会社と大きくならない会社の違い

――社員がお金の決済権を持っている

大きくなる会社は要職の社員がお金の決済権を持っています。いつまで経っても大きくならない会社の特徴は社長しかお金の決済権を持っていません。

社員が数名の小さな会社ならともかく、社員数が100人を超える会社の役員や部長が10~20万円くらいのお金にもかかわらず「これは社長に聞いてみないとわからない」という返答をするケースが結構あります。

小さな会社だった頃からの名残で、何をするにもいちいち社長にお伺いを立てるという風習が残っているからでしょうが、日本は資本主義です。

何をするにもお金が必要です。要職の社員にお金の決済権を渡さないなら、こういう意味のない役職自体を廃止すべきだと思います。こうしたお金の決済権を社員に渡さない会社は、遅かれ早かれ企業間競争に敗れてしまうでしょう。

子どもへお小遣いを渡すときにいきなり1万円を渡す親はいません。10円、100円、1000円と徐々に大きなお金を渡していきます。その中でだんだんお金の使い方を覚えていくのです。

社員も同じことです。お金を使いながら、失敗しながらお金の使い方を覚えていくのです。今まで社員にお金の使い方を教えなかったくせに、いきなり大きなお金を渡し、新規プロジェクトを任せ、失敗したら全部、社員の責任ではいくら何でもかわいそうです。

大きな会社を目指すのであれば、まずは役職に応じてお金の決済権を少しずつ与えてみてはいかがでしょうか。

――太鼓持ちの撲滅と本当のことを言う社員の育成

大きな会社になれない、足踏みしている会社に必ずいるのが太鼓持ち社員です。イエスマンの進化系である太鼓持ち社員が会社をどんどん衰退させていきます。こういう太鼓持ち社員にはすぐにでも辞めてもらいたいところですが、これがなかなか大変。なぜかと言うと太鼓持ち社員かどうかを判別することがなかなか難しいからです。

頭の悪い社員ならあからさまなので、おだてられている方もわかるのですが、頭のいい社員は巧妙に太鼓を叩きます。社長が喜ぶような反抗（表現が難しい）をしてみたり、「なるほどそれは気づきませんでした！」と太鼓を叩きます。

太鼓を叩かれている社長は、「うむ、こいつはよくわかっているな」と太鼓持ちを大切にします。そして会社の要職につけます。

その結果どうなるかというと、他の社員たちの気持ちが離れていってしまうのです。「なんだあいつ、また太鼓を叩いているよ。ああいう奴を大切にしている社長も困った人だよな」と陰で思っています。あなたも他社に行ったとき、先方の社長の太鼓持ちにたくさん出会っていると思います。

ただし、その社長は気づきませんよね。でも実はあなたも同じなのかもしれません。一度、冷静に考えてみてはいかがでしょうか。

逆に、大きな会社には必ず社長に対して「本当のこと」を言う社員がいます。正論を言うために社長としては嫌な存在です。

「それでは効果がありません」

「そんなことやったら社員のモチベーション下がりますよ」

「それは社長の方が間違っています」

嫌なことばかり言います。

しかし良薬口に苦し。本当のことを言う社員が実は会社の成長には大切なんです。

もちろん意地が悪く特に何の意見もないのに、何にでも反抗する奴もいますので、その人の言うことが正論かどうか、注意深く話を聞くことも重要です。

とはいえ、社長であるあなたに嫌われることを覚悟して言っているので、たいていは本当のことを言っているような気がします。

あなたとしてもその人が会社のためを思って発言しているのはわかるのですが正直、ときにはムッとすることもいちいち意見する奴です。あなたにとって、あまりいい気はしない社員かもしれません。ただ、こういう社員の意見を聞いて初めて会社が大きくなっていくのです。

儲けは、利益・スピード・期間で考える

我々社長は、これはたくさん儲かりそうだと新しい商品の販売を始めたり、これから儲かるのはアレだと新しい事業を起こしたりします。

ではたくさん儲かるというのは、そもそもどういうことなのでしょうか？

新しいビジネスを起こすときに瞬間的な売上や利益だけしか見ない社長は非常に多いのですが、小さな会社を大きくさせるならば、あと2つ確認すべきことがあります。

それは何かと言うと「スピード」と「期間」です。

――入金されるスピード

スピードというのは入金される早さのことを言います。小さな会社の資金繰りは大

変です。小さな会社の場合、お金が入ってくるまでの、事業が立ち上がるまでの「スピード」が大切です。大きく儲かるかもしれないけれど入金されるのはかなり先のものだと会社が倒産してしまうかもしれません。

その場合、額は小さいけれど早めにお金をもらう方が得になることもあります。小さな会社は利益の大きさだけでなく、入金されるスピードをよく考えてから、新しいビジネスを行うかどうかの判断をすべきだと思います。

――商品・サービスの寿命期間

もうひとつが「期間」です。寿命と言ってもよいでしょう。どんな商品、サービスも必ず終わりが来ます。人間と同じように不老不死のビジネスは存在しないのです。

たとえば年間１００万円しか儲からないけれど30年間継続できるビジネスがあるとすれば、トータル３０００万円のビジネスということになります。先ほどのスピードの考え方とは逆ですが、どれだけ長くそのビジネスを続けられるかということも重要です。

小さな会社は「どのくらいの早さでいくら儲かり、いつまで継続できるのか」を計算してビジネスを立ち上げてください。

決して恨まれてはいけない

商売をしているとライバル会社とのせめぎ合いや仕入先との価格交渉など様々なことが起こります。

しかし、決して恨まれるというところまでやってはいけません。会社の経営は永遠に続く仕事です。将来いつかまた仕事で出会うこともあります。知り合いの知り合いが友達かもしれません。先方の会社が大きくなりあなたが仕事をもらう立場になるかもしれません。

時代の寵児ともてはやされた社長でいなくなった社長たちがたくさんいますよね。私も何人か知っていますが、総じてみんなから恨まれている社長です。彼らについて聞く話はたいてい「ひどい奴だ、慇懃無礼、あんな奴と金輪際、仕事はしたくない」という悪口です。恨みのパワーというのは大きいのです。

その一方で、こんな例も紹介しましょう。

前職で営業マンだった頃、ある大きな会社のクレーム処理に行き、その会社の専務とお話ししたことがあります。

訪問する前は、カンカンに怒鳴られるだろうな、嫌だなぁ行きたくないなぁと思いましたが、お会いしてみると専務はすごく丁寧な方で、論理的に問題点を私に伝えてくれました。始終にこやかな方で君も大変だねとお声をかけていただきました。

その時私はこの会社のためにできることは何でもやってあげようと思いました。「実るほど頭を垂れる稲穂かな」なのです。

社長も「報連相」が必要

ある大きな会社のナンバー2の社員が「社長が今何をやっているのか、何を考えているのか最近、全然わからないんです」と言っていました。私は「では社長にそっとお話ししてみましょうか」と返しました。

ある日、その社長に「社員の方とコミュニケーションはとれていますか」とお聞きすると、社長は「うちは、その点だけは大丈夫です。報連相が徹底しているからね。みんな何でも話し合える雰囲気もあるし」。

とれているようで、とれていないのがコミュニケーションなのです。

次は私自身の失敗談です。

昔の話ですが、会社で一番困っていたのが、社員と意思疎通ができないということでした。私が指示したことに対して、方向違いのトンチンカンなことをやってしまう。

言われてもスグに忘れてしまうというひどい状況でした。そのため各部署がバラバラに同じことをやっていたり、逆に誰もやっていなかったり……。

そこでまず、社員みんなときちんと話をするという部分から私は改善しようと考えました。当時は社員の人数も少なかった上に、私が会議嫌いということもあり、必要に応じて私が社員に話しかける形で、自分の考えを伝えるようにしていました。そのときの社員との会話です。

「ねえ、こういうこと、困っているんじゃない」

「ええ、そうなんです。一言声をかけてくれれば、こんな無駄なことをしなくてすむんですけどね」

「そうか、うちの会社で何が一番問題なのだと思う?」

「こんなこと改まって言うと、ちょっと角が立ちますけど、うちの会社って、報告、連絡、相談いわゆる〝報連相〟がないんですよ。みんなが勝手に決めて、勝手にやっている。でも僕らには何も知らされていない。突然、お客様から『キャンペーン中なんだよね』

なんて電話がかかってきて、ああ、そうなんだ。うちの会社、キャンペーンやってたんだ、みたいにお客様から初めて聞くようなことさえあるんですよ」

「そうだったのか。で、どうしたらいいかな?」

「こういうことをやるならやるで、いつからいつまで、こういうことをかくかくしかじかやるぞって、徹底して欲しいんですよ。グループウェアの掲示板に、まめに書き込むだけでも、だいぶ違うんですけどね」

「なるほどそうか。今のうちの会社だと、誰が何の担当なのかもよくわからないから、責任者は自分だという意識がないからかもしれないな」

「そうなんですよ。この間の新製品もそうですよね。突然、できましたって言われても……どういうコンセプトで、どういうことができるソフトなのか、まったくわからないのに、ハイできました。みなさん見ればわかります、あとはヨロシク。これでは、どうしたらいいかわかりません」

ここまで聞いて、はたと混乱の原因がわかりました。

犯人は社長である私でした。新製品は私がアイデアを出し、内容も私と一部の人間が相談して開発部に作成させたものです。コンセプトやどういう機能があるかなんて、「実際にいじってみればわかるだろう」ぐらいにしか考えていませんでした。

部下からの〝報連相〟がないことに、いつも腹を立てていた自分自身が、実はその〝報連相〟をしていなかったとは気づきませんでした。

考えるまでもなく、情報は下からのものもあれば、上からのものもあるわけで、下からのものだけを問題にしていた自分が恥ずかしい……。

まず、人を変えるより、自分を変えなければと思いました。それからは、社員に逐一、細かなことでも伝えるように努力しました。間もなく、社内から「少しだけど、意思の疎通がよくなった」という声が聞こえてくるようになりました。

小さな会社の頃には問題にならなかった意思の疎通は、会社が大きくなればなるだけ難しくなってきます。報連相は、まず社長ご自身からスタートしてみてはいかがでしょうか。

ビジネスは交換作業

私は起業したとき、ソフトはもちろん、プリンターのトナーやフロッピーディスク（死語）、専用用紙、自社ブランドのパソコンも販売していました。

しかし今、これらはすべて販売していません。起業してから30年の間、ひとつひとつ販売を中止にしていったからです。

「最近、トナーが売れなくなってきたから、トナーの販売は止めて違う仕事にシフトしよう」

こんな感じです。とはいえトナーが売れなくなってきたときでも、営業利益が1000万円ありました。決断には少し時間（とはいえ数分）がかかりましたが、やはり止めることにしました。その後、用紙やパソコン、フロッピーディスクの販売も止めていきました。その分、違う商品の開発や販売に力を入れていきました。

ビジネスは交換作業なのだと思います。陳腐化したものを止めて将来性のあるものへの交換、利益の少ない商売を切り捨てて利益の多い商売へ転換していきます。

もちろん、少しでも利益があるものをあっさりと切り捨てていくのは、もったいないと思ったことは何回もあります。

しかし切り捨てなければ次に行けないのです。大きな会社なら複合的にビジネスを行うこともできるでしょうが、小さな会社の場合には手を広げて何でもやると成長が止まってしまうのです。

私が起業した当時、社員が３人の会社がありました。社長は「ソフトウェアの総合商社を目指す。様々な会社が必要としているソフトを何でも提供できる会社にしたい」と言っていました。

30年後の今、その会社の社員数は３人です。売上も当時とほとんど変わっていません。「少しでも利益が出れば何でもやる。欲しい人がいれば何でも売る。もったいないから切り捨てられない」

こういう会社は、こんな末路（?）をたどります。

会社経営は継続していくのがすばらしいんだよという人もいます。ずっと小さな会社であることが目的ならば、それでもいいのでしょうが大きな会社を目指すのであれば、止める勇気を持って欲しいと思います。

会社を大きくするターニングポイント

会社がスタートした頃、軌道に乗らない頃はとにかくがむしゃらに働くことが重要です。

・朝から晩まで働き一切休みはとらない
・お金は1円たりとも無駄にしない
・なんでもかんでも自分でやる

たしかに、これは創業時には大変重要なことです。ただその後、ある程度余裕ができても、ずっと同じようなことを繰り返していませんか?

社長と数人の社員でやっていたときは年間ひとり当たり1000万円の売上だった

のに、社員を雇うたびに、どんどんひとり当たりの売上が下がっていきます。
そこで社長は社員の給与を下げ、残業をたくさんさせて何とか利益を確保しようとするでしょう。社長自ら新規顧客の獲得に走り回り、新たなマーケットを探し、様々なアイデアを出します。また、セミナーに行ったり異業種交流会で顧客を獲得したりしようとします。お酒は社員とではなく、会社外の人と接待で呑みに行きます。
こうした社長の弛まぬ努力により売上を伸ばし会社はまた「少し」大きくなっていくのです。

しかし、実はこれが会社が大きくならない最大の理由なのです。

会社を大きくさせるにはターニングポイント、つまり今までとやり方を１８０度変える必要があるのです。社長が朝から晩まで働くことにより今より少しは大きくなるかもしれませんが、このやり方をそのまま推し進めていっても大きな会社にはなりません。いつまで経っても「社員が多い個人企業」なのです。

そして、社員が多いだけの個人企業には様々な問題が起こります。社長の目が届くのは社員10名くらいまでです。社員が増えれば増えるほど様々な事件が起こり社長は、その後処理に忙殺されます。

小さな会社から脱却するにはいつか必ず、会社の方向転換を行わなければなりません。

たとえば、吉永小百合、薬師丸ひろ子などはイメージチェンジの成功例です。彼女たちは昔、ミニスカートをはいて映画やＴＶに出ていましたが、今はいいお母さん役にイメージチェンジをして成功しました。

つまり、今まで社長が培ってきたもの、組織、仕事の流れ、会社のしくみなどをすべて壊して再構築することが大きな会社になるためのカギと言えます。

では、どうしたらいいのでしょうか？

それは大企業を見習うことです。小さな会社の社長は今まで小回りのよさ、素早い意思決定、行動力、アイデアで会社経営を行ってきました。それが社長の長所です。

社長の類まれなその才能があったからこそ、ここまで来られたのです。大企業ではできないスピード感が成功の秘訣でした。

ところが、大きな会社になるとそれこそが短所になってしまうのです。今までなら、社長のアイデアで会社を勝利に導くことができましたが、大きな会社になればなるほど社長の考えは届かず、細かいところに目を配れません。そして様々な問題が起こります。

大企業は、仕事の進め方や意思決定が遅いとよく言われます。社内でいつも無駄な会議を繰り返す、いろいろな人への根回しなど仕事以外のことで面倒なこともあります。

一方で、これこそ小さな会社が、大企業に勝てない理由でもあるのです。大企業は個々の人が役職に応じて意思決定をしているのです。だから大量な意思決定や行動を同時に行うことができるのです。

つまり社長が意思決定しなくても動ける組織、アイデアをみんなで出し合う組織、品質を高めミスを未然に防ぐしくみを社員たちが話し合い、自らがつくっていくという「組織」にしていくべきなのだと思います。

正直、社長から見たら、たいしたアイデアは出ない、なんか面倒なことやっているな、こんなの会議じゃないよ。「おいおい、そんなことしていて大丈夫かなぁ」ということの連続だと思います。

しかし、それでいいのです。意識的に社長の意思決定を少なくし、効率を「意図的に」下げることが重要です。

もちろん、野放図に勝手にやらせるということではありません。会社として大きな問題になるようなことにはきちんとダメ出しをしてあげるべきです。

もし、会社に致命的なダメージを与えるようなものでなければ「まぁいいか」と広い心でやらせてあげるべきです。非効率にすれば会社が大きくなるわけではありませんが、会社が大きくなるためには非効率なことも必要ということです。つまり非効率を容認するということです。

「自ら考える社員をつくり、自ら行動できる組織をつくる」

これが会社を拡大していくためには必要不可欠なのです。

今まで社長がつくり上げてきたムダのない効率的な「筋肉質」の会社から、社員自らが個々に意思決定をする少し脂肪のついた「ぽっちゃりした会社」。

実はこれが大きな会社への道なのです。

おわりに

ひとつ、あなたに聞きたいことがあります。それは
成功とは、お金持ちになることなのでしょうか？
知り合いの会社の社員で売上がＴＯＰで年収1億円以上の営業マンがいます。彼は大きな家に住み、ロールスロイスもフェラーリも所有しています。もちろん別荘も持っています。
その彼が今、一番興味のあることは何かというと会社でＴＯＰ営業マンでいることだそうです。お金ではないんです。プライドなんです。そのため彼は朝、誰よりも早く会社に行き、一番遅くまで仕事をしています。

あるベンチャー企業の社長は会社を売却し、十数億円のお金を手に入れました。彼は当初、今まで欲しかったもの、高価なものをたくさん買いました。有名なレストランで美味しいものを好きなだけ食べました。

そして今、彼はどう生活しているかというと昔のような生活に戻ったそうです。独身ということもあり毎日、牛丼屋で夕食を食べています。

お金がなくなったわけではありません。お金を使うことに飽きてしまったのです。人間が使えるお金には限界があるのです。朝昼晩、毎食1万円の食事をしても年間で1000万円くらいしか使えません。毎年1億円のお金を使える人はいないのです。

成功とは、会社が大きくなって周りからチヤホヤされることでしょうか。

創業者としてゼロからスタート。人に言えないような苦労をし、年商数十億円、社員数も100人以上になった。念願だった株式公開も果たした。

これで満足でしょうか？

サラリーマン社長が経営する年商1000億円の会社と比べたら、年商数十億円の会社なんてステータスもなければ、社会的な地位もありません。
「ああ、君も頑張ったんだね。何か仕事を発注してあげようか」
サラリーマン社長に言われるだけです。会社を大きくするという野望にも果てがないのです。

成功というのは人それぞれです。周りからチヤホヤされたり、部下が多いことに成功を実感する社長もいます。お金持ちになって今まで買えなかった高価なものを買ったり美味しいものを腹いっぱい食べたりしたい社長もいるでしょう。

朝から晩まで仕事をして家族とは疎遠になり、家庭が崩壊。会社の売上低下に悩み、資金繰りで苦しむ。そんなときに信頼していた社員が退社。それが今のあなたの姿かもしれません。今は1円でもお金が欲しいという気持ちはよくわかります。私も長い間、お金のためだけに働いてきました。

ただ少し余裕ができたときに考えて欲しいのは、自分にとっての成功は何なのかということです。

成功の果てにあるものは何なのか？
何をするために生まれてきたのか？

P・F・ドラッカーの本（『プロフェッショナルの条件』ダイヤモンド社）に『私が一三歳のとき、宗教のすばらしい先生がいた。教室の中を歩きながら、「何によって憶えられたいかね」と聞いた。誰も答えられなかった。先生は笑いながらこういった。「今答えられるとは思わない。でも、五〇歳になっても答えられなければ、人生を無駄にしたことになるよ」』と書かれていました。

これが、将来ずっと自分自身に問いかけるべき質問なのかもしれません。

著者
井上達也（いのうえ・たつや）
1961 年生まれ。株式会社フリーウェイジャパン代表取締役。株式会社日本デジタル研究所（JDL）を経て 1991 年に株式会社セイショウ（現、株式会社フリーウェイジャパン）を設立。当時としては珍しく大学在学中にマイコン（現在のパソコン）を使いこなしていた経験と、圧倒的なマーケティング戦略により、業務系クラウドシステムでは国内最大級のメーカーに急成長させる。中小企業の IT コストを「ゼロ」にするフリ　ウェイプロジェクトは国内の中小企業から注目を集め 50 万ユーザー（2023 年 12 月現在）を獲得。多くの若手経営者の支持を集めている。著書に『起業を考えたら必ず読む本』『伸びる税理士事務所のつくり方』（以上、明日香出版社）などがある。

決定版　小さな会社の社長の戦い方

2023 年 12 月 25 日 初 版 発 行
2024 年 7 月 11 日 第 13 刷発行

著者　井上達也
発行者　石野栄一
発行　明日香出版社
〒 112-0005 東京都文京区水道 2-11-5
電話 03-5395-7650
https://www.asuka-g.co.jp
装丁　大場君人
校正　共同制作社
印刷・製本　中央精版印刷株式会社

ISBN 978-4-7569-2300-4